私の歩んだ仏の道

淺田正博（恵真）

[014]

本願寺出版社

はしがき

私は在家の医者の二男として生を受けました。五歳の時に縁あって浄土真宗の寺院に養子に入り、中学校の二年生までお寺で育ててもらったのですが、その間にはほとんど仏教に関心を懐きませんでした。十四歳の時のことです。小児性心内膜炎という心臓病に罹り実家にかえって療養生活を送らざるを得ませんでした。一時は生死の境を彷徨うほどの重症でしたが、皮肉にもその中において初めて仏教に関心を懐いたのです。ところが病気が全快しますと仏教のことなどまったく忘れて健康を謳歌し、放逸の生活をむさぼるようになりました。その反省から真剣に仏教を求めようとしたのですが、どうしても他力本願の教えには納得できず、がむしゃらに自力の世界に身を投じました。四国八十八ヶ所巡礼から始まって様々と模索しながら「盛永宗興老師」という素晴らしい禅の師匠と巡り遇ったのです。

しかし、今度は自分の機根がそれについていきませんでした。七年間の禅修行の果てにやっと気づいたのが自己の愚かさでした。自力の世界にあこがれながらも思いが遂げられなかった私は、無念の思いからしばらくは仏教の学問のみに没頭したのです。ところがその学問の師匠が、実はたいへんな他力のお念仏を喜ばれる念仏者たちだったのです。自力の世界しか見えていなかった私は、素晴らしいお念仏者の先生にまったく気づかずに外の世界ばかりを見つめていたことになります。

花を求めて西また東、わらじ切らして帰ってみれば、家じゃ梅めが笑ってた

という狂歌がありますが、まさに灯台下暗しだったことにやっと気づいたのです。

そのお念仏者とは、私に天台教学を教えてくださった佐藤哲英先生であり、大学入学

時からお世話になっていた土橋秀高先生でした。特に佐藤先生の臨終時のご様子からはお念仏のすごい力を感じましたし、土橋先生の晩年のお姿からは、念仏を喜ぶ者の感動を教えていただきました。ここに至って初めて私の心の中に他力の教えが徐々にしみ渡っていったのです。

ところが、この他力の教えはそう簡単に領解ができませんでした。自分ではお念仏を喜んでいるつもりになっていた矢先のことです。実母が臨終を迎えたのです。母は私に「死が怖い！」と漏らしました。「一緒にお念仏を称えよう」と言えば済むことだったのですが、どうしても私にはその言葉が口をついて出なかったのです。今考えても「なぜ?」と思うのですが、私は心の真底より「お念仏を納得できていなかった」のでしょう。少しでも疑いが混ざっていたからこそ、実母の臨終に際して自信を持ってお念仏を説くことができなかったのだと思います。情けなくも悲しく感じたものでした。信仰心の確立というのは実に難しいものです。

本書は、浄土真宗本願寺派教学伝道研究センター編集の『季刊せいてん』に「入門講座」として十三回にわたり連載された「私にとっての仏教」を再編したものです。そのタイトルが示しますように、まさに「私にとっての求道遍歴の書」であると言ってもいいでしょう。すでに齢六十に近づいた者がそれまでの心の推移を綴った、つたない「宗教的遍歴の書」として読んでいただければ幸せに思います。

平成十七年七月末日

成就山因念寺にて

浅田正博（恵真）

私の歩んだ仏の道

目次

十三、他力の教えに納得しながらも……

＊本文中、『浄土真宗聖典〈註釈版〉』（本願寺出版社）の引用は「第二版」を用いています。

一、諸行無常を知る

親友の突然死

この世は「諸行無常」だということは、たえず聞く言葉ですから、私には理解できていたように思っていたのですが、実のところ心底納得していませんでした。それを私に教えてくれたのは私の高校時代の親友だったのです。彼の名前を「出野信君」といいます。

私は、平成元年の四月から一年間、龍谷大学の内地留学の制度によりまして、東京大学の印度学仏教学研究室へ寄せていただきました。留学当初より大阪にいる高校時代の三人の友達が東京へ行きたいと言ってくれておりました。しかし、なかなかその機会がありません。留学期間がそろそろ終わろうとする翌年の三月十七日に、三人が申し合わせて大阪から飛行機で羽田まで来てくれたのです。私は午後六時に空港へ迎えに行きました。久々に遇ったものですから、銀座へ出てお酒を飲みながら思い出話に花を咲かせました。気づいた時はもう夜中の午前一時を回っておりました。それでも話が尽きないのですが、とにかくそれぞれの部屋へ帰って休みました。私を含めて四人ですので、二人一室の二部屋を借りてありました。朝目覚めた方が起こすことを申し合わせて眠りについたのです。

私は案外早くに目覚めて、同室の友と話し合いながら、隣室から声がかかるのを待っていました。ところが九時を過ぎても声がかからないものですから、外出できるように支度をして隣の部屋をノックしました。そうしますと、一人が目を真っ赤にはらして出てきました。どうも二日酔いのようです。昨夜は部屋に入ってから何も知らずにぐっすり寝たというのです。「同室の出野君はどうした」と聞きますと「居ないよ」といいます。「朝早く起きて散歩にでも行ったのではないかな」というものですから「それじゃあ、帰ってくるまで待とう」と部屋に入りました。すると、散歩に行ったはずの出野君の靴が脱いであるのです。「靴も履かずに散歩に行くことはないだろう。すぐに捜せ！」と一人が叫びます。ホテルの一室ですから、目に付かないところと言えば、バスルームしかありません。私は急いでそこに駆け寄ってドアを開けようとしますと、中から鍵がかかっているのです。ドンドンと叩いて「出野君いるか！」と叫んでも返事がありませんん。すぐにフロントに電話をかけて鍵を持ってくるように頼みました。しかし鍵が届くまでの時間が待てません。廊下へ出て掃除をしているおばさんに「どうすれば開きます？」と聞きますと、持っていたハサミで鍵穴をこじてくれたのです。パチッと音がすると同時に中に飛び込みました。するとどうでしょう、出野君は湯も入っていない浴槽の中でぐったりしているではありませんか。水のシャワーが出たままになっています。

「出野君！……出野君！……」いくら叫んでも反応がありません。一人が心臓をマッサージします。同時に、もう一人は救急車を呼ぶために電話口へ駆けよります。私はただ「大変だ！」と叫んで右往左往するだけでした。

十分も経たない間に救急隊が到着して情況を診てくれました。しかしよく診れば、すでに身体が硬直して死斑すら出ているのです。「当方では、どうにもなりません。すぐに警察を呼んで下さい」そう言い残して救急隊は出て行きました。

彼は大変体力的には自信のあった人で、高校時代は相撲部に所属しておりました。大学を卒業してからは陸上自衛隊に入って幹部候補生として勤務していたこともあります。ですから大変健康な体格をしていたように私たちには映っておりました。しかも、亡くなる当日、一時十五分まで全く変わった様子もなく私たちと話していたのです。その話の中で彼は「私には自慢できることが一つあるんだ。それは生まれてこの方、医者にかかったことがないんだ」と言うのです。虫歯で歯がボロボロになっても、歯医者に行かないのです。そして「人間には自然治癒力があるんでねえ……」そんなことを平気で語っていた彼です。それほど、身体的に自信のあった彼が、いとも簡単に死んでいったのです。

警察がやって来まして検証した結果、外傷がありませんので解剖に付することになりました。虚血性心不全……これが死亡診断書でした。一般に言う心臓マヒだそうです。

諸行無常が納得いくまでの葛藤

今思い返してみますと、浴槽の中で死んでいる彼の姿を見た時は、悲しいという感情が起こらなかったことを覚えています。涙が出てこないのです。何が起こったのか判らず、ただ茫然自失としておりました。大阪から彼の母親が駆けつけ、築地警察署の地下霊安室で彼と対面をしたのは、すでに夕方の四時を回っていました。まだ解剖が終わっていませんので、たとえお母さんであっても遺体には触れることが出来ません。お母さんが彼の顔を覆っている柩のガラスを撫でながら彼の名前を呼ぶのです。「信よ。信よ……」って。この時はじめて私に涙が出てきました。「出野君が死んだんだ」ということが納得できたからでしょうか。浴槽で彼を発見してから実に七時間余りが経過しておりました。

前夜に寝たならば、明朝に起きるのは当り前……私たちはこれを当然の道理として認識しています。しかしそれが真実でないことを出野君が私に教えてくれました。「朝には紅顔ありて夕には白骨となれる身なり」（『註釈版聖典』一二〇三頁）という「諸行無常の道理」を頭では理解していたつもりです。しかしそのようなことが私の近辺で起こるなどとはどうしても思えませんでした。冷静に考えれば、いかにそれが矛盾しているかがわかるのですが、その矛盾にすら気づかずに日々を送っていたのが私だったのです。そしてそれが現実化した時の私のうろたえぶり、彼の死を納得できるまでの七時間余。これはいったい何だったのでしょうか。

浴室の中から鍵がかかっていて、しかも返事がないのですから、ある程度の予想はつきますが「まさか」と思います。しかもその「まさか」を信じたくありませんので、あえて考えようとはしません。しかし現実はその「まさか」の通りだったのです。このように考えますと、この「まさか」が平気で起こり得るのが私たちの人生の現実であるように思います。そして、「まさか」が起こり得ることが「諸行無常」という本当の意味なのでしょう。ところがその本当の意味を知れば「恐ろしく、怖い」ものですから、あえてそれを知ろうとせずに、それを覆い隠そうとするのです。現実から目を背ける。なんと愚かなことでしょう。親友出野君の死を通して、これが現実であり、これが「無常」ということだったんだ……「諸行無常」の意味がしみじみと私には味わえてきました。

「諸行」の「行」とは「現象」を指します。「無常」の「常」とは「常住性」をいいますので「変化しないもの」と訳せましょう。ですから「諸行無常」という意味は「ありとあらゆる現象は、時々刻々と変化して、そこには何一つとして永遠に変化しないものはない」……という意味に理解できます。簡単にいいますと「この世の現象は、一つとして同じ状態で留まるものは無い」という意味です。ですから今生きているからといっても、一時間先、いや十分先ですら生きているとは限らないのが「無常」という真理の意味です。しかし私たちの思いは、今生きておれば一時間先も、明日も、明後日も、生きていることを願い続けます。この願いが私の心の中に当然の道理として植え付けられているのです。この思いは私にとっての都合の良い解釈にしか過ぎないことがわかります。そして、ここに大きな矛盾が生じます。現実は「無常」にもかかわらず、私たちの思いは変化しないものを求める「常住性」です。常住性が当然であろうとする私の願いの前に、無常という現実が容赦なく襲いかかります。

私が、出野君の死を容認したくなかった……その心の戸惑いが、うろたえた七時間余だったように思います。私の心の中で、彼は今朝も生きて目覚めるだろうという「常住性」の思いがありました。しかし、現実には彼は死んでいたのです。この現実と私の心の願いとが葛藤を繰り広げていたのでしょう。しかしその現実を否応なく認めざるを得なくなった時、私には涙が出てきたように思えるのです。

死の恐怖

ところで「現実」を否応なく知らされただけで、私の思いは留まりませんでした。今度は「自分も死ぬんだ」という「自己の死」が実感として迫ってきたのです。正直言って、今まで自分が死ぬということを考えたことも、感じたこともありませんでした。もし考えたとするならば、それは観念的でしかありません。常に「死ぬのは他人だ」と思っていたのです。今までにも私の友人が何人か亡くなっていったことがあります。例えば、学生時代でしたが、朝、お母さんが起こしに行きますと友人が布団の中で死んでいたということもありました。しかし、同じ年代であっても、驚きこそすれ「気の毒だなあ」という感情を持つだけで、どうしても「自分も同じように死ぬのだ」という気持ちにはなれませんでした。絶えず「死」は他人ごとだったのです。しかし、劇的な死を私に示して逝った親友を思いますと、今までとは違った感情が起こってきました。起こってきたというよりも起こらざるを得ないような情況に追い込まれたというのが正直な言い方かも知れません。「アア……私も死ぬんだな……」。そのように、つくづくと感じさせられたのです。

現実に「自分が死ぬ」と考えますと、今度は恐ろしくて恐ろしくてたまりません。単に恐怖と言う言葉で表現できるような「怖さ」ではありません。身がゾクゾクしてきます。そして何も手につきません。日常会話などはうわの空です。しかも私が想像する死の世界は、なぜか真っ暗闇の世界なのです。しかもその暗闇の世界に私がたった一人で、真っ逆様に落ちていくように思います。出野君の死を考えれば考えるほど、孤独感や恐怖感が迫ってきます。私は今までに経験したことのないような「死に対する苦しみ」の体験をすることになります。

一例を挙げましょう。私は出張で時々地方へ出向きます。その折りはほとんどビジネスホテルのシングルルームに泊まります。そのような時、しばらくはバスルームを覗くことすら出来ませんでした。覗けばそこに出野君が横たわっている……そう思えるのです。まして風呂に入ることなどとうてい出来ません。知らず知らずの間に、出野君が亡くなったホテルのバスルームを想像しているのです。あのホテルの部屋は今でも使用されているはずだ……。宿泊の客が何も知らずに出野君が亡くなったそのバスへ入って一日の疲れを取っているはずだ……そのように考えれば、私が泊まっているこのホテルでも同じようなことがあったのではないか……と、つい悪い方へ、悪い方へと、想像を逞(たくま)しくしてしまいます。今から考えればたわいもないことなのですが、当時は本当に真剣にそれを思いました。そうしますと、また恐怖感・孤独感が私を悩ませます。

仏教の基本の教えの中に「死苦(しく)」がありますが、実際に「死ぬ苦しみ」もさりながら、死に対する恐怖感も「死苦」の範疇(はんちゅう)に入るのだと思い知らされました。

生活に即した仏教

現実に私の住んでいるこの世の中が「諸行無常の世界」であって、私の人生そのものが「苦」であると領納できた時、そこから真剣に「仏法を求めよう」という強い意志が湧いて来るのだと思います。しかし若い時にそれに気づく方達は、きわめて宗教的な素質（機根）に優れた方々でしょう。私のような鈍根の者にとっては、なかなか諸行無常の理すら理解できません。

ある時、学生が真剣に私に質問したことがありました。「理屈では解るのですが、どうしても私の住んでいる世界が諸行無常の世だとは思うことが出来ません。同じように私の気持の上からは、人生が苦だとは思えないのです」と。「人生は苦しいかも知れない、しかし楽しいと思うことも多いじゃないですか」、これが彼の言い分でした。私も彼の年齢の頃は同じことを考えていました。だからこそ親友の死に出会って、七時間余もうろたえたのだと思うのです。現実を現実として受け入れられなかったのです。「これが諸行無常の道理ということであったか」と思ったのが、その時の私の率直な気持でした。そして、その真実の道理を説いているのが仏教だったとも解りました。私の現実が無常であり、私の人生が苦であるという現実の生活に即した学び方こそ、本当の仏教の学び方だと思うに至ったのです。それまでの私は、仏教を単なる知識として学んでいたに過ぎませんでした。私は出野君に、私の実生活そのものが仏教の教えの中にあることを教えてもらったように思います。

二、仏教と出遇う

宗教つり革論

宗教は電車の「つり革」に似ているといわれます。電車が一定の方向に向かって、しかも一定の速度で走行しているときには電車の中で立っていたとしても「つり革」は必要ありません。しかしその電車が急にブレーキをかけたり、急カーブを切った時には思わず「つり革」をつかみます。宗教はこの「つり革」に似ているというのです。自分の人生が順調に運んでいる時は宗教を必要としない人が多いです。しかしその人生に大きな障害が立ちはだかった時、要するに人生に急ブレーキがかかった時、あるいは急カーブを切った時には思わず「宗教」に救いを求めようとします。その時には、どの宗教に救いを求めれば良いかなど考える余裕はありません。自分の手の届く範囲において宗教の「つり革」をつかむのです。まさに「藁(わら)をもつかむ思い」なのでしょう。しかし問題はその「つり革」の強度です。弱い「つり革」であれば、それを持つと同時に「つり革」もろとも床面にたたきつけられます。自分を十分に支えることの出来る「つり革」でなければ「つり革」としての意味がありません。「宗教」も同じで、真実の教えでなければ自分を支え尽すことが出来ないのです。

人々が、宗教に対して無関心であり続けられるのは、自分の人生が順風満帆（じゅんぷうまんぱん）に進んでいる時だからでしょう。しかしその時にこそ、自分の手の届く範囲に、自分をしっかりと支えてくれる「宗教的つり革」を用意しておく必要があると思うのです。人生には必ず急ブレーキをかけなければならない時があります。しかもその時は何時やってくるかわからないのです。それが突然やってきた時に慌（あわ）てて「つり革」を探しているようでは、もはや手遅れです。ですから私は絶えず学生たちに次のように話します。

「今、諸君たちは現実的に宗教を必要としないかもしれない。しかし今、君たちは宗教に対して決して無関心であってはならない。何が正しい宗教であるか、また何が誤った宗教であるかを見極める目を今の時期に養っておかねばならない。いわば自分の手の届く範囲に〈正しい宗教的つり革〉を置くことなのだ。

　オウム真理教を見ればよくわかるだろう。あのように優秀な人たちが、いとも簡単にオウム真理教にはまっていった。それには色々な理由があっただろうが、一番の原因は、彼らは宗教に関する知識が乏しかったからだと思う。もし正しい宗教を判別する目を彼らが持っていたならば、決してあのような宗教に入信しなかっただろう。要するにしっかりとした〈宗教的つり革〉を自分の手の届く範囲に置いていなかったから、オウム真理教もろとも地面に叩き付けられたのではないか。私は林郁夫の『オウムと私』（文藝春秋社刊）という本を読んで、つくづくそれを実感した。だから宗教に関して無知であってはならない。大学の宗教の授業は、その知識の涵養であって、いわば〈宗教的つり革〉の確保なのだ。そして必ず君たちの人生で、遅かれ早かれその〈つり革〉を必要とする時が来る。その時のために準備しておいてもらいたい」と。

＊　＊　＊

先に話しました「友人の死」を通しての「無常の認識」は、私にとりまして、まさに「人生の急ブレーキ」でした。この時に初めて私はこの「つり革」を握ったのです。その「つり革」によって今、支えられています。誠にありがたいことだと思います。この私を支えてくれた「つり革」の内容に関しては、最後に話させていただくことにいたしますが、ただ、どんなに優れた「つり革」であっても、私がつかむことの出来ない「つり革」であっては意味がありません。ですからこれからは、私が手にすることの出来た真実の「つり革」を求めて歩んだ遍歴を話させていただきましょう。

闘病生活の中で

私は大阪市内で開業している医者の二男としてこの世に生をうけました。ところが母の姉が、堺市内の本願寺派の寺院に嫁いでいたのです。しかしその伯母には子供がいなかったものですから、私が五歳の時にそのお寺へ養子に入ることになりました。私はそのお寺で中学二年生まで健康的に育てられたのですが、ふとしたことから心臓病を患うことになりました。一般に言われる小児性狭心症だったのです。これは大変な難病で、当初はほとんど寝たきりの生活を強いられました。ですから養子先から実家へ帰って自宅の病院に入院するという生活を送ったのです。いわば私の主治医が私の実父です。狭心症というのは不定期に心臓発作が起こります。その発作の間は苦しくってたまらなくなり、ベッドでのたうち回ります。これは後に聞いた話ですが、実父も治療の施しようがなく、苦しんでいる私をジッと見つめるだけだったと言います。そして「三人の子供を儲けたけれども、一人は死なせてしまったなァ」とさえ言ったと聞きました。今から考えれば実に無責任な親であり医者だったと思うのですが、それほどに病状が悪化していたようです。しかし、どうしたことか私は奇跡的に回復してきたのです。ただそれほどの重病ですから急速には治りません。ほんの少しづつ、徐々に、徐々に六年もかけて治っていったのです。その間、中学校は四年間、高校にいたっては五年間もかかって卒業しました。大学一回生に入った時、友人はすでに四回生でした。

　私が最初に仏教に触れたのは、この闘病生活を通してでした。お寺に育てられたというものの、お経を唱える程度で本格的に仏教の勉強などしたことがありません。養父も私に仏教を教えようとはしませんでした。ただ医科大学へ通っていた兄が、幾点かの仏教書を買ってきておりましたのを、私が気分の良い時にのぞき読みをしました。それが私と仏教との最初の出遇いでした。その中には文庫本の『歎異抄』も含まれていました。しかし、一生懸命に読んではみたのですが、正直言って高校生の私にはそれを理解する力などありません。ただ病身の自分を省みて「いづれの行もおよびがたき身なれば、とても地獄は一定すみかぞかし」（『註釈版聖典』八三三頁）の一節だけは身震いして読んだことを覚えています。そこでただ漠然と『歎異抄』のその節だけをベッドの上で口ずさんでおりました。

また、それらの書物の中に葉上照澄師の『道心』（春秋社刊）がありました。千日回峰行の体験談としてのこの書は、私に大きなショックを与えました。「このような恐ろしい修行をするのが仏教の世界なのか」と思えば、私には『歎異抄』以上に強烈な印象が残りました。

今から考えると誠に愚かだったと思うのですが、死に直面するほどの縁をいただきながら、その頃の私は、仏教を真実の教えとして受けとめることが出来ないでいました。なぜか心の底で仏教に関して懐疑心を抱いていたようです。「本当に仏さんって居られるのだろうか」「地獄ってあるんだろうか」「極楽は架空の存在じゃないかな」そのような疑問だらけの闘病生活でした。かといって「仏の存在」や「極楽の存在」を否定も出来ないのです。肯定も否定も出来ない、そのような悶々としていた思いが膨らんで、龍谷大学で正しく仏教を学びたいという気持に繋がっていったのは確かでした。

仏像に魅せられる

私が龍谷大学で仏教を学びたいと思ったのには、もう一つの理由があります。それは「仏像」だったのです。闘病生活を送っている中で、的確に私の心を捉（とら）えたものに「仏像」がありました。「ＮＨＫブックス」の『仏像』（正・続）などは大いに関心を持って何度も読みました。無味乾燥な病室で仏の姿の写真を拝見していると、何か心が和（やわ）らいでくる、そのような思いからの関心でしたが、それには次のような京都三千院（さんぜんいん）の阿弥陀三尊との出遇いがあったのです。

忘れることが出来ませんが、あれは高校二年生（二度高校二年生を送っているので、二回目）の秋だったと思います。古典の授業で、有名な「大原御幸（おおはらごこう）」の講義を受けた時に、建礼門院が失意の中で余生を送ったという大原の里「寂光院（じゃっこういん）」を一度訪ねてみたいと思ったのです。その頃、学校を休みがちでしたが、外の空気を吸うのも気分転換に良いだろうとのことで、主治医である実父の許可を得て、京都大原の里へ一人で出かけました。

さぞかし名前に似て閑静な、そして物静かな小さいお寺だろうと想像していたのですが、観光客でごった返していたのです。中でも寂光院の境内(けいだい)は人であふれかえり、さしずめ「喧騒院(けんそういん)」となり変わっていました。私は大変失望し裏切られたような思いでバス停へと歩いていきますと、「こちら三千院」という看板が目に入りました。その頃の私は三千院がどの様なお寺かまったく知りません。「せっかく大阪から出てきたの

三千院の中の往生極楽院

だから、一度寄ってみるのもいいだろう」と軽い気持で拝観を願ったのです。

ところがその中の往生極楽院に入って驚きました。小さなお堂の中に私が今までに見たこともない素晴らしい丈六の阿弥陀さんが金色に輝いて座っておられるのです。お顔はふくやかで慈愛に満ちあふれています。しかも両脇には観音と勢至の二菩薩が侍っておられます。観音さんは蓮台を持たれ、勢至さんは合掌しておられます。その上にこの両菩薩の膝の曲げ方が余りにも印象的でした。正座ではないのですが膝を折って座っておられます。三千院ではこれを「大和座り」と呼んでいるようですが、私には刺激的と思えるほどに二菩薩の容姿が目に焼き付きました。

私は一人で暫し茫然とその三尊像を眺めていました。寂光院は多くの人で溢れていましたが、三千院には、なぜか私一人だけお堂の前に立っていたのです。お寺の案内係の人がやってきて、学生服を着ている私に「せっかく来たんやから、この仏像の説明をしたげるわ」といって私一人のために解説をしてくれました。その中で一番印象に残ったのが「阿弥陀さんの指の間を見てごらん」という一言でした。よく見るとその指の間には水掻きがあるのです。私はそれまでに自坊のご本尊ですらじっくりと眺めたことがありません。まして阿弥陀如来に水掻きがあるなんて想像もしなかったことです。三千院の阿弥陀如来は丈六仏ですから大きく、しかも目(ま)の当(あた)りに拝見することが出来ますので、その水掻きがはっきりと分かります。余りの意外さに声が出ませんでした。そうしますと、そのお坊さんは「この水掻きというのはナ。仏さんが一人でも多くの人を漏(も)らさずに、こうして救おうとされるから水掻きが必要なんや」と両手を合せて水を汲(く)む手の形までして説明してくれたのです。その手振りを交(まじ)えた解説の仕方が、今でも私の脳裏(のうり)にくっきりと残っています。

その時私は「なるほど！」と思わず頷(うなず)きました……しかしこの説明は後になって誤りだとわかったのですが、その時分の私にはその説明に疑いを挾(はさ)む余地などありません。三千院を訪(おとず)れるまでの私は、仏像拝観とは、ただ心を和らげてくれるものという印象しかなかったのです。しかし仏像の形そのものに色々な意味が含まれていることを知れば、何か大切なものを発見したような思いに駆られたものでした。他にももっと私の知らない意味が秘められているに違いない。そう思う気持ちが龍谷大学に入学を希望したもう一つの理由でした。

＊　＊　＊

ついでながら、ここで「仏の相好」について話しておきましょう。人間の姿と仏様の相とはよく似通っていますが、詳細に検討しますとかなり相違のあるのがわかります。一般に三十二相八十種好（随形好）と言われるように、大きな相違点が三十二種類、細かい相違点が八十種類も存在するのです。しかし各経典によって諸説があります。そこで恵心僧都源信の『往生要集』には、それらの経・論を照合されたところ、三十二種では収まりきらずに四十二種類を選び出しておられます（『註釈版聖典〈七祖篇〉』九三六～五一頁）。例えば全身が金色に輝いているという「金色相」。あるいは頭の上が膨れ上がって

仏の四十二相(『往生要集』より)

いる「肉髻相（にっけいそう）」。仏の髪の毛は八万四千本もあるという「髪毛相（ほつもうそう）」。眉間（みけん）には白毛（びゃくもう）が右まわりに生えているという「白毫相（びゃくごうそう）」などがそれらの中にあります。その一つに手足に水掻きのような膜があるという「鞔網相（べんもうそう）」があるのです。これには「雁王（がんおう）のごとく」（『註釈版聖典〈七祖篇〉』九四五頁）と記されていますので水鳥の王様のような水掻きだという意味でしょう。ですから、これは泳ぐための水掻きなのです。

私達が住んでいるこの娑婆（しゃば）世界は煩悩（ぼんのう）にまみれた苦しみの世界ですから、これを「海」に譬（たと）えて「苦海」と表現されます。親鸞聖人（しんらんしょうにん）のご和讃（わさん）に、

生死（しょうじ）の苦海（くかい）ほとりなし
　ひさしくしづめるわれらをば
弥陀弘誓（みだぐぜい）のふねのみぞ
　のせてかならずわたしける

（『註釈版聖典』五七九頁）

とありますその「苦海」です。そして、その苦海の彼方に悟りの岸があります。それが「彼岸」です。この苦海で苦しんでいるのが私達衆生といえるのでしょう。要するに「おぼれかけている」のです。このおぼれかけている衆生を自在に救って、悟りの彼岸の世界へ、自由に渡ることができるのが仏様で、そのために仏様に「水掻き」があるというのです。ですからこの水掻きは手にも足にもあります。このように考えますと三千院での説明が誤っているのに気づくでしょう。衆生を両手ですくい取って漏らさないために水掻きがあるのではなく、仏が苦海を泳ぎわたり、その苦海にて溺れている衆生を自在に救うために水掻きがあるのです。ここに仏像の意味的表現が見て取れると思います。

三、仏はおわします

叡山学院の講師として

「仏のお姿」に関しての話をもう少し続けましょう。

仏様のお姿を一般に三十二相と呼んで、人間との相違に三十二種類を数えるのですが、『往生要集』はこれを四十二種類も数え上げていたことはすでに述べました。その相好の中で前に紹介した以外に二、三を追加説明しておきましょう。

まず「金色相」があります。一般によく知られた特色の一つですが、仏様のお身体は金色に輝いておられます。しかもその金色は三千世界をくまなく照らし出しておられるというのです。『往生要集』では「㉙身の皮はみな真金の色なり」(『註釈版聖典〈七祖篇〉』九四七頁)あるいは、「㉚身光、任運に三千界を照らす」(同頁)とあります。

また他の相好に「青目相」があります。仏様の眼の色は東洋人のように黒色ではありません、青白色だというのです。西洋人の目の色に近い表現をしていることになります。『往生要集』では、これを「⑨仏眼は青白にして」（『註釈版聖典〈七祖篇〉』九四〇頁）と述べ、「慈悲の心を修め、衆生を愛視するがゆえにこの目の色を得る」と説かれています。

あるいは変わった相として「陰蔵相」があります。これは如来は男性であることを示すものです。要するに男根（陰）が体内に蔵されているという意味から「陰蔵」といいます。『往生要集』には、ここを「㉞如来の陰蔵は平らかなること満月のごとし」（『註釈版聖典〈七祖篇〉』九四八頁）と書かれてあります。仏様の性は男性か女性か、あるいは中性かなどと世俗では種々論じられることがありますが、ここにはっきりと男根をもっているると記されているのですから、明確に男性であることがわかります。ですから世俗の議論は無意味だといえましょう。ただ、仏が男性でありますから、後世、女性が仏になれるかどうかが問題視されます。いわゆる「女人成仏・不成仏」の問題です。これが多くの議論を呼び「変成男子説」なども出されるに至ります。すなわち女性の方は一度男性になった上でなければ仏になれないという極端な解釈です。「一切衆生悉有仏性」という全ての生きとし生けるものが仏となる可能性があるという釈尊の本意から申しますと、男性・女性と区別して成仏を考えることが本来的に誤りなのですが、それが仏が男性であるという視点に立ったとき、このような問題が惹起されるのです。ですから、他力における女人往生思想は、長い仏教の教学展開の中で、釈尊の本意に沿った画期的な理解であるといって良いことになります。

ところで、四十二の相好のすべてをここで解説する暇はありませんので、関心ある方は「仏の四十二相」（四十三頁）の挿絵を参考にしていただきたいと思います。

＊　＊　＊

さて、私の仏教入門のきっかけとなったこれら仏像の相好は、興味半分から出発したものですが、仏教研究を続けていきますと、私にとって大きな意味を持って来る思わぬ展開を見せるようになったのです。

前節で触れたとおり、私が仏像に関心を抱いたのは、無味乾燥な病室で仏像の姿を見ることによって、私の心が癒されるように思えたからでした。いってみれば仏像は美術鑑賞としての対象にしか過ぎなかったのです。ですから仏の姿としての三十二相八十種好も、それは単なる仏としての特色の表現であって、その姿から何かを読みとるための手段として理解していました。

ところが、私が大学院を卒えて叡山学院の講師に就いた頃でした。叡山学院といいますのは天台宗の僧侶を養成する教育機関です。私が龍谷大学で天台学を学んだお陰で、大学院を修了すると同時にこの学院の講師に招かれたのです。私は真宗の僧侶ですが、叡山学院の講師という関係から天台宗内でも大切にしていただきました。そのような中で、さまざまな修行を積まれた行者さん達から、自らの体験談を聞かせていただく機会に恵まれたのです。

学生時代から抱いていた「仏様は本当におられるのだろうか」という私のもう一つの

疑問も、比叡山で修行する行者さん達の話を聞いて、見事に吹っ飛んでしまったほどでした。それほど私にとっては強烈な印象をうけた話が多かったのです。それらの中には、修行中に仏のお姿を見たという「見仏（けんぶつ）の体験」をもっておられる行者さんがおられたのです。しかもそれは一つだけの修行から得た体験であったり、わずか一人だけそのような体験をされたのではありません。何種類もの修行から、しかも何人かの行者さんから見仏体験談を聞くことが出来ました。そして何よりも、仏を見たという仏の姿とは、私が美術的鑑賞の対象としていた三十二相八十種好を具（そな）えられたそのままのお姿だったと異口同音（いくどうおん）に話されたのです。

　私は最初、それらの話を聞いて直（す）ぐに信じることができませんでした。まさか……しかし、行者さんとの関係から、また、話をされる態度から、あるいは、その内容が経典に説かれているのと合致（がっち）することなどから、すべてつつみ隠さずに真実を語ってくださっているとわかったのです。

そうしますと、話の内容が徐々に私の身中にしみわたり、私に非常な感激を与えてくれたのを覚えています。

確かに経論には仏の相好や見仏の内容が説かれてはいます。しかし中国の隋・唐時代ならいざ知らず、この現代において、しかも実際に私の知った方達が、経典に記された通りの内容を体験されているということが大きな衝撃でありました。このような行者さんたちの体験談を聞いて、私は仏様は本当におられるのだと信じて疑えなくなったのも事実ですし、このような体験ができる比叡山はなんとすばらしい自力修行の場所であるのか、とも思ったものでした。

そこで比叡山で、現在も行われています「好相行」と「常行三昧」という二つの修行を通して、それぞれ見仏の体験談を、聞かされた通りに述べてみましょう。

「好相行」について

現在、三千院の御門主で前の叡山学院の院長を勤められた堀澤祖門大僧正とは、すでに四十年以上のお付き合いをいただいています。その堀澤御門主が京都大学に在学中に、すべてを抛って比叡山に登られました。そして伝教大師最澄が定められたという十二年籠山行に入られたのです。この修行はその名の通り十二年にわたって比叡山に籠って下山せず、浄土院という伝教大師の御廟所に出仕して、伝教大師が生きておられるのと同じように奉仕する侍真という役をこなす修行です。この行の内容は一般に「掃除地獄」とも呼ばれます。

浄土院は比叡山の開祖の居られるところですから聖域中の聖域です。ですから浄土院の内外をたえず掃除するのが侍真に与えられた修行であります。今日、浄土院へ何時お参りしても塵一つ落ちていません。

ところが、この籠山行に入るためには「自誓受戒」をしなければならないという規定があります。「自誓受戒」とはお釈迦様から直接に戒律を授けられるという受戒の方式です。ですから、その受戒をするには、とにかく仏様のお姿を実際に行者の目で見なければなりません。いわば「見仏する」という入門テストに合格しなければならないのです。そのテストを「好相行」と呼んでいます。この好相行の名は、三十二相八十種好の「相好」に由来します。

今日では、伝教大師の御廟所の前の拝堂という建物の一角を白布で仕切ってこの修行を行ってい

好相行がおこなわれる浄土院の拝殿

ます。行者の正面には本尊として釈迦三尊像を掛けます。その本尊に向かって一日に三千回の礼拝をするのです。単に礼拝といっても、私たちが日頃両手をあわせて合掌するような簡単なものではありません。五体投地（ごたいとうち）といって、額（ひたい）と両肘と両膝の五体を地につけるという一番敬虔（けいけん）な形式でもって礼拝をします。この五体投地の礼を一日に三千回も繰り返すのです。

その方法と言いますのは、まず一人の仏様のお名前を称（とな）えます。たとえば抑揚（よくよう）をつけて「なもあみだぶつ」と長く延ばして称えるのです。そしてその間に一回の五体投地の礼をします。仏様の数は、過去に千仏・現在に千仏・そして未来に千仏おられますから合せれば三千仏になります。

この三千の仏様のお名前すべてが『仏名経（ぶつみょうきょう）』という経典に説かれていますので、この『仏名経』に従って一仏一仏の名前を称え、そして一仏に一回ずつの礼拝を繰り返すのです。ですから、この行を三千仏礼拝行（さんぜんぶつらいはいぎょう）とも呼んでいます。このように言葉で解説することは簡単ですが、一日だけでも三千回の礼拝を行いますと、私たちの想像をはるかに超えた苦しい修行であるのかがわかります。

たとえば一回の礼拝に何秒を費やすかを計算してみましょう。もし一回の礼拝に三十秒を費やしたとします。そうしますと一分で二仏を礼拝することになります。一時間では百二十仏です。一日では二千八百八十仏となります。要するに一仏礼拝に三十秒を費やしていたのでは、一日に三千仏の礼拝が出来ないのです。

当然ながら行者は食事もしなければなりませんし、トイレにも行かねばなりません。規定上、休むことは許されませんが、疲れれば縄床という椅子に身体をゆだねざるを得ません。そのような時間的余裕を考えれば、一仏の礼拝に二十秒程度しか費やすこと

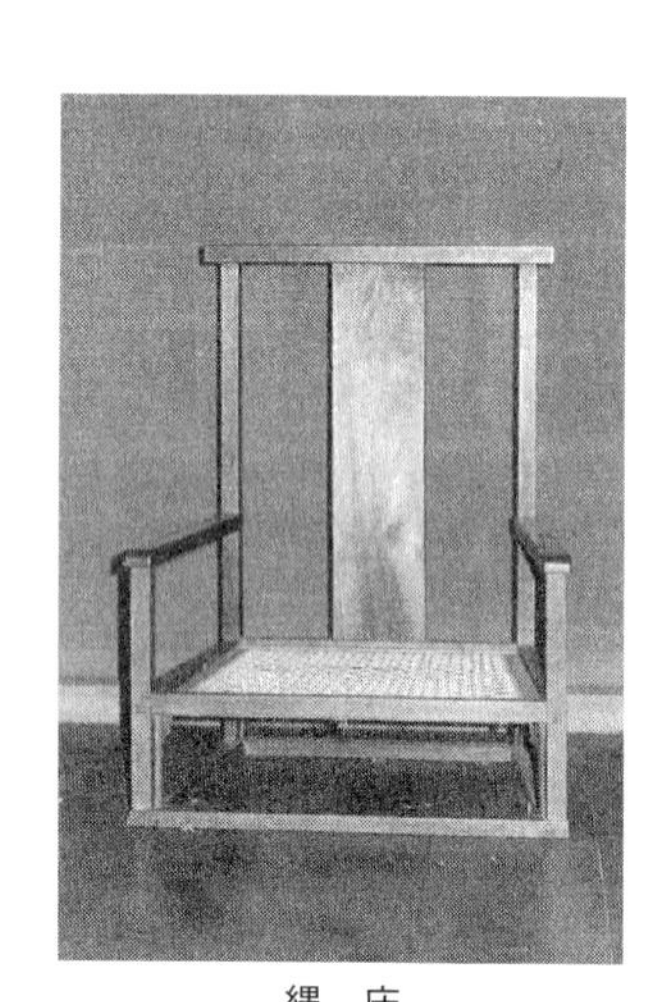

縄床

が出来ません。それを継続的に三千回行うのです。

それればかりか、好相行の過酷な点はまだあります。この行には決められた期限がないのです。七日または三十日あるいは九十日というように一定の期限が決められる修行はまだ精神的余裕が出来ます。しかしこの行は仏の姿を見るまで続けねばならないと定められています。たとえ半年かかったとしても、見仏出来なければ修行をやめるわけにはいかないのです。『梵網経』には、

当に七日、仏前にて懺悔し好相を見ることを得れば便ち得戒すべし。若し好相を得ざるも、応に二七・三七乃至一年せば、要ず好相を得べし

（『大正大蔵経』第二四巻、一〇〇六頁下段）

と説かれてあります。早い行者で七日目に見仏することが出来る（相好を見ることを得）

ようですが、遅い行者ならば一年もかかると説かれています。しかし一日だけでも大変なこの五体投地三千回の礼拝を、一年も繰り返すとなると気の遠くなるような修行であることがわかります。

堀澤祖門御門主の体験談より

堀澤祖門御門主の体験談にもどりましょう。御門主より話を聞いておりますと、見仏に至るまでの心の葛藤（かっとう）が痛いほどに身にしみます。最初は見仏の期待に胸をふくらませて礼拝を繰り返していくのですが、しばらくすれば修行の苦しみからでしょうか、深刻な懐疑心（かいぎしん）に悩まされ悪魔のささやきを聞くといいます。

「仏様が出てくるとか、好相があるなんていうけれど、そんなものはみんな嘘っぱちに違いない」とか、「いったい俺は何をしているんだろう」「俺はいったい誰だろう」。このような疑いの固まりの中で行う礼拝はただただ苦痛そのものでしかないようです。しかも身体は鉛のように重くなってきたといいます。自分の身体を支えるだけがやっとのような状況の中でも全身の力を振り絞って礼拝を続けねばなりません。

真夜中になれば意識が混沌（こんとん）としてきて自分が何をやっているのかがわからなくなるそうです。一カ月、二カ月もそのような混濁（こんだく）とした状況を体験した御門主は、ついにその懐疑心を払いのけます。すべてをあきらめたのです。仏に対してなんの期待もせず、ただ単に黙々と礼拝を続けたといいます。そのような日々が何週間か過ぎ去り、修行を始めて三カ月。ついにその日が来たそうです。

身体が綿のように疲れ切って、縄床に座って仮睡（かすい）をしていた真夜中のことだったといいます。わずかな蝋燭（ろうそく）のほの暗い堂内に仏様がスーッと姿を現されたのです。それと同時に御門主は激しいショックを受けて目を覚（さ）ましたといいます。目を覚ましてもそこに仏様がハッキリと居られたのです。目を開いても、目を閉じても仏様をはっきりと見ることが出来たそうです。この開目（かいもく）・閉目（へいもく）こそが好相を得る条件の一つだそうです。身の丈およそ一メートル程度、四、五メートル前方で、しかも二、三メートルの高さの空中に仏様が立って居られて御門主を見つめ、少しずつ動いてこられたと話してくださいました。ここを、また御門主は『求道遍歴―十二年籠山、そしてその後』（法藏選書31）に次のように書いています。

まるで今、極彩色（ごくさいしき）の掛け軸の絵からそのまま抜け出ていらっしゃったような、仏様のお姿のごく細かい部分までハッキリとみえて、しかも動きをともなっているのです。その仏様が無言のままじっと私を凝視（みつめ）ていらっしゃる。あまりの感動で硬直した身体で思わず合掌して仏様を見上げていたんですが、全身がガタガタ震えて止まりません。おまけに両眼から涙が溢れ出てこれも止まらず、汗と一緒になって顔の上を流れ落ちるのがわかるのです。

御門主は、この仏様は直感的にお釈迦様だと思ったと言います。しかもお釈迦様は御門主に働きかけられたのです。

しばらくすると仏様の手元から一本の細い帯のようなものがスーッと降りてきて、私のこの腰のところを巻いて、そのままそれが仏様の手元へと返っていくんです。そうしてお釈迦様がその紐（ひも）の両端をお取りになられて、そのままスーッと後方へバックなさるのです。そうしますと紐を巻かれた私の腰のところに軽いショックがあって、坐っていた私自身までが思わず浮き上がろうとする……。そういう刹那（せつな）に仏様はだんだんと遠ざかって行かれるのです。そしてそのまま闇の中へしずかに溶（と）けこむようにきえていかれたんです。

この体験が単に夢や幻でないことを証明しなければなりません。本当の仏なのか、それとも夢の中の出来事なのかが問題です。そこで真夜中だったのですが、すぐさま師僧を訪ねて今得た出来事を報告します。師僧とは好相行の体験者で、今日まで堀澤御門主を指導されて来た方ですから、御門主の心の内はすべてお見通しです。状況を一通り話しますと、師僧は「それでよろしい。君の体験はまちがいなく好相です」と認可されたといいます。これで御門主の実体験が確かに「見仏」であったと証明されたことになります。それと共に、苦しい修行の終了宣言でもあったのです。ただ叡山では「見仏」と呼ばずに「好相」を得ると表現しています。

後のことになりますが、私がある師僧に「どうしてその体験が本当の仏であるとわかるのですか」と聞いたことがあります。そうしますと色々な判断がなされるようですが「一番は行者の顔を見ればわかるよ」と答えられたのが印象的でした。好相を得た行者は仏と同じように尊く輝いたお顔をなさっているといいます。そうでない者は人間くささの残る顔つきなのでしょうか。

四、阿弥陀仏を見たという体験談

見仏の体験談を聞いて

この堀澤祖門御門主の好相行における見仏体験談を聞いて、私は様々に感激しました。まず最初に、仏様って本当におられるのだという感激でした。しかも、仏様って仏像と同じ三十二相八十種好を具えられた、私たちが常々拝見する仏像や仏画と同じお姿をなされておられるという感動でした。それに加えて、行者の体験がそのまま経典に説かれる内容と合致しているということも私には大きなショックでした。しかも文献上に見られる中国の隋・唐時代ならいざ知らず、今の時代にもこのような体験をする行者がおられるということも大きな感動でした。これらの感激や感動は、どれをとっても私に大きなカルチャーショックをあたえ、その後の私にとっての仏教研究の方向性を大きく変えていきました。

それまでの私の研究は、あくまでも学問の対象として仏教を認識しておりました。信仰と学問とは別という考えが頭のどこかにあったのです。しかし、それは大きな誤りであることに気づかされました。経典を学ぶ以上、信仰に裏打された学問でなければ意味がないということを教えられたのです。しかしその意味が本当に納得いくにはまだまだ時間を要しました。たぶんその折の私にはまだ人生の経験が少なかったからでしょう。ところで、堀澤御門主一人の好相行体験談を聞いただけで単純にこのような感想を懐いたのではありません。これら見仏体験の話は他の修行者からも聞かせていただいたのです。それを次に述べましょう。

常行三昧について

親鸞聖人(しんらんしょうにん)が比叡山(ひえいざん)でどのような修行をなされたのか、私の関心はそこにありました。

九歳の時から二十年間も比叡の山におられたのですから様々な修行をなされたと推測できますが、残念ながらそれを論証する資料がほとんど残されていません。唯一、これに関する資料として『恵信尼消息』があります。その記すところに依りますと、

この文ぞ、殿の比叡の山に堂僧つとめておはしましけるが、山を出でて、六角堂に百日籠らせたまひて、後世のこといのりまうさせたまひける九十五日のあか月の御示現の文なり

（『註釈版聖典』八一四頁）

という一文があります。これによって聖人の下山直前の修行の様子を、ある程度推し量ることが出来ます。ところが問題は「堂僧」の解釈です。この用語は様々に使用されていますので特定は難しいのですが、親鸞聖人の時代には「常行堂の堂僧」としての使用例が他の文献からも指摘されていますので、今日では「堂僧」を「常行三昧堂へ出仕す

る僧侶」と見る見方が一般的なようです。今、私がもう一つの体験談として伺った話というのは、実にこの常行三昧堂で行われた修行を通しての体験談なのです。

中国天台宗の開祖の天台大師智顗（五三八—五九七）は「天台三大部」を述しています。これは『法華玄義』『法華文句』『摩訶止観』ですが、前二著は『法華経』に関する解説書です。最後の『摩訶止観』こそが天台宗における修行の実際を述べた実践修道書なのです。ここに仏教の修行形態を四種に分類した「四種三昧」が記されてあります。「常坐三昧」「常行三昧」「半行半坐三昧」「非行非坐三昧」の四種です。ここに「常行三昧」と名付けられる修行の様子がみられるのです。そこでこれに従って「常行三昧」の一端を述べましょう。

まず常行三昧堂という五間四面のお堂の中で、たった一人の行者によってこの修行がなされます。今日、比叡山西塔の釈迦堂近くに方形をした二つのお堂が並んで建っています。しかもその両堂は廊下で結ばれていますので、あたかも天秤棒を担ぐように「に

比叡山延暦寺西塔の常行堂（左）と法華堂（右）図面

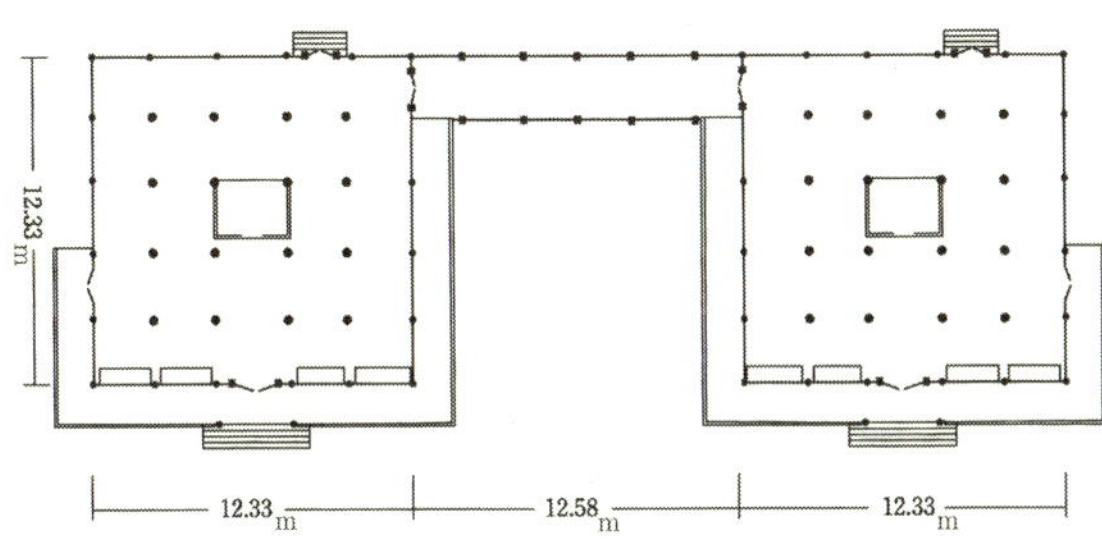

なえるお堂」という意味から「にない堂」と呼ばれています。この両堂の向かって左側のお堂が「常行三昧堂」です。一般拝観は出来ませんが、特別に堂内に入れていただきますと、正方形のお堂の正面にクジャクの台座に座られた金色の阿弥陀如来のお像が安置されています。床はすべて板張りで、周囲・四方に幅二メートルほどの廊下様の外陣が設けられてあります。その外陣と内陣との間には、四面それぞれ大きな丸柱が四本ずつ建てられています。古地図では親鸞聖人当時「にない堂」は東塔にも横川にも建立されていて三塔すべてに揃っていたようですが、今ではこの西塔にしか残っていません。行者はこのお堂にまったく一人で九十日間、籠り続けるのです。ただ単に籠るのではあり

ません。「常行三昧」という名の通り、常に阿弥陀如来の周囲（外陣部分）を歩み（行き）続けねばなりません。休むことは許されません。ましてや横になること（臥す）や、寝ることはもってのほかのことです。ここを『摩訶止観』には、「三月を終竟るまで臥出すること弾指の頃のごとくなることをも得ざれ」と規定されています。九十日の間は横になる（臥す）ことも堂外に出ることも、指を弾く間でさえも出来ないのです。ただただ昼も夜も歩み続けるのです。

しかし人間である以上トイレに行かねばなりませんし、食事もしなければなりません。そこで「坐食・左右を除く」とあります。「坐食」とは食事のことで、それも朝食と昼食の二度のみです。夕食はありません。「左右」とは大小便です。しかも「左右」に出かけた場合は「衣服を改換せよ」とも指示しています。またこの他に歩みを止めるのを許されるのは「盥沐」する時です。毎日毎日歩いておりますと身体は汗で臭くなります。そこで身体を清めねばなりません。これが「盥沐」です。一般にいう「沐浴」です。実際にはお湯で身体を拭いていると聞いています。

ところでこの修行は、阿弥陀如来の周りをとにかく歩むだけではありません。「口」も「心」も規定されています。まず声を出して阿弥陀如来を讃えねばなりません。要するに口では九十日間「南無阿弥陀仏」を唱え続けるのです。

その上、行者の心が問題です。阿弥陀如来の周りを歩き、南無阿弥陀仏と唱え続けていても他のことを考えていたのでは意味がありません。心も常に阿弥陀如来を思い続けるのです。それは阿弥陀如来のお相をたえず思い浮べることを指します。すなわち阿弥陀如来の三十二相八十種好のお相を心に思い続けなさいと教えます。『摩訶止観』では、

なにをか念ずという、三十二相を念ずるなり。足下の千輻輪の相より一一に逆縁して諸相、乃至、無見頂を念じ、またまさに頂相より順縁して、すなわち千輻輪にいたるべし

（岩波文庫『摩訶止観』上、七八～七九頁）

と記されています。四十三頁に、『往生要集（おうじょうようしゅう）』における「仏の四十二相」を絵入りで紹介していますが、これはまさにそのことで、阿弥陀如来の姿を足の裏から一一の相を逆に上の方へと思い続け、ついに肉髻相（にっけいそう）（無見頂相）にまで至るのです。そして今度は頭から順に足の裏までというように、行者はそれぞれの相を心に思い続けるのです。ここまで考えますと、常行三昧とは大変な難行であることが知れましょう。要するに九十日間は昼も夜も休み無く「身（しん）」・「口（く）」・「意（い）」の三業（さんごう）ともに阿弥陀如来に専念するための行なのです。

> 九十日、身は常に行（あゆ）んで休息（くそく）することなく、九十日、口は常に阿弥陀仏の名（みな）を唱えて休息することなく、九十日、心は常に阿弥陀仏を念じて休息することなかれ。あるいは唱念（しょうねん）ともに運び、あるいは先に念じ後に唱え、あるいは先に唱え後に念じ、唱念あい継いで休息するときなかれ
>
> （同、七八頁）

と述べています。そしてこれらをまとめて、

要をあげてこれをいわば、歩歩、声声、念念、ただ阿弥陀仏にあり（同、七八頁）

とも『摩訶止観』に述べられているのです。

常行三昧の体験談を聞く

私が大学院に在籍していた頃、比叡山には久しく「常行三昧」を修する行者がおりませんでした。その理由として江戸の終わり頃に出られた行者の次のような遺言が語り伝えられていたのです。その行者とは比叡山の行をほとんど終えられたほどの修行者だ

ったといいます。その行者が臨終時に弟子たちを枕辺に集め「わしは常行三昧を行ったが、あの修行ほど苦しかった行はなかった。だから常行三昧だけはしなくても良い」というものだったそうです。それ以降、比叡山の行者は堅くその遺言を護ってきたそうです。いわばそれほどに「常行三昧」は比叡山においても難行中の難行として位置づけられていたことがわかります。

ところが昭和年代の後半に酒井雄哉という行者が出て来ました。上に見たとおり常行三昧は『摩訶止観』という天台宗の根本典籍に説かれる修行ですから、いわば天台修行の根幹をなす実践法です。その根本の修行を復興しようとされたのが酒井行者でした。今日、酒井雄哉阿闍梨といえば二千日回峰行者として著名ですが、これはその回峰行に入られる以前、酒井師が天台僧として出発された頃の姿です。酒井師の師僧は当時の叡山学院学監の「小寺文穎師」でした。昭和四十八年、小寺師は学問上から、そして酒井師は古老の伝聞から、それぞれ「常行三昧」に関するあらゆる資料を集め、師弟力を合わせた上で、酒井師による一週間の予行演習が行われたのです。そして修行完遂（かんすい）の自信を得た上で常行三昧復興に挑戦されたのです。小寺師は龍谷大学出身で、私と同じ天台学を学んだ先輩に当りますので、詳（くわ）しくこの時の事情を聞かせていただいたことがあります。

一週間の予行演習の時のことだそうです。朝から夜まで継続して同じ「南無阿弥陀仏」を唱えておりますと、自分が今何を唱えているのかが分らなくなる時が来たそうです。私たちも日常において同じことを繰り返す時に時々現れる現象です。そこで文献には見られないのですが、行者が進んでいく正

常行三昧堂内の名号

面の板壁に「南無阿弥陀仏」というお名号をかけたと聞きます。その折りに小寺師から頂いた常行堂の堂内写真がありますので掲載しておきましょう。

また四日、五日も経ちますと今度は睡魔に悩まされたそうです。歩きながら眠る状況は絶えずあったそうですが、堂内は正方形ですから角に来れば曲がらねばなりません。寝ながら歩いておりますと曲ることができずに頭を板壁にぶつけます。額が割れますので血を止めるために鉢巻きをしながら歩いたと聞きます。

またある時は内陣にまで入り込み、ご本尊の荘厳壇を蹴飛ばして目が開いたということもあったそうです。蝋燭が点いていますので、あやうく火事になるところだったといいます。

『摩訶止観』には「休息することを得ざれ」とありますが、最低限、休息しないわけにはいきません。ですから休息方法が問題になったそうです。座ることも横になることも出来ません。そこで、まず柱に帯で身体を縛って休む練習をしたそうです。しかしいくら強く縛ったとしても丸柱ですからズルズルと身体の重みで滑り落ちます。そうしますとお尻が床に着いてぐっすり寝てしまいます。これではダメです。また天井から紐(ひも)をぶら下げてその紐に身体を委(ゆだ)ねて休息することも試みたそうですが、これもうまくいきません。

ここを酒井師が自らの講演で次のように話しています。

> また、歩いている最中にくたびれてくるでしょう。それからもう一つ睡魔がすごくおそってくるわけね。どうしようもなくなってくるの。そんな時、どうするかというとね、柱と柱の間に丸太ん棒を渡してね、両端をしばっとくわけ。ちょうど牛だとか馬のたづなを縛る棒があるでしょう。ああいうのをお堂の中に一本作っといてね。そこでもって時を稼(かせ)ぐわけ。要するに眠たくなったら自分の体を調整するわけね。たとえ十秒でも二十秒でも、じっと脇に丸太ん棒を抱え込むようにぶら下がっ

てるわけ。そうするとやっぱり極限まで身体を痛めて頑張ってるから、少しぶら下がっただけでも、すっと吸い込まれるように眠っちゃうみたいになってしまうのね。そうすると足元がすくわれて、ガクーンと足を取られるようになってね。床にぶつけて頭をゴツンとたたきつけられるの。それで気がついて自分に戻って、また念仏唱えて、ぐるぐるぐるぐる回るわけね。

(『龍谷大学短期大学部仏教科創立四十周年・社会福祉科開設三十周年記念誌』、三一～三二頁)

この予行演習で自信をつけた酒井師は昭和四十八年に常行三昧を完遂され、ついにこの行を復興したのです。

常行三昧での見仏

「常行三昧（ぎょうじょうざんまい）」を完遂（かんすい）されたと聞いた私は、すぐに酒井師にその心境を尋（たず）ねるために参上しました。その関心は申すまでもなく「見仏（けんぶつ）体験」にありました。しかしその体験談を話す前に『摩訶止観（まかしかん）』の叙述箇所をもう一度見ておきましょう。

よく定中において十方の現在の仏その前に在して立ちたもうを見たてまつること、明眼の人の清夜に星を観るがごとく、十方の仏を見ることもまたかくのごとくに多し、故に仏立三昧と名づく
（岩波文庫『摩訶止観』上、七七頁）

とあります。ここでの「定中」とは常行三昧において禅定（ぜんじょう）（精神集中）に入った時という意味です。これは身も心も阿弥陀如来と一体となった時という意味に受け取れます。

その時、十方現在仏が行者の前に立たれる姿を見ることが出来るというものです。しかも目のよく見える人が、澄み切った清らかな夜に星を観るように、くっきりと仏たちが立たれるのが見えるといいます。ですからこの「常行三昧」を別名「仏立三昧」ともいうと記されてあります。あるいは、

仏を見んと欲すればすなわち仏を見る。見ればすなわち問い、問えばすなわち報う

（同、八〇頁）

ともあります。仏を見たいと思えば仏を見ることが出来るというのです。しかも行者が見た仏に問いかけることが出来るとあります。そうしますとそれに仏が応えて下さるというのです。これらは具体的にどういうことを意味するのか私たちにはわかりませんが、要するに、

西塔にある常行三昧堂

心が仏となり、心みずから心を見、仏の心を見る。この仏の心は、これわが心が仏を見るなり

（同、八〇頁）

としてまとめているように、やはり自分の心そのものがすでに仏になっているのでしょう。

以上が『摩訶止観』の要点です。そこで酒井師の体験談に耳を傾けたいと思います。先にも引用しましたが、平成七年、二千日の回峰行（かいほうぎょう）を終えられてから、酒井雄哉師を龍谷大学短期大学部の記念講演会にお招きしたことがあります。その折にぜひ「常行三昧」に触れていただきたいと要請しましたところ

「見仏体験」を講演の中で話して下さいました。この講演記録が「歩く―比叡山の修行を通して」と題して公刊されていますので、ここではそれを再録してみましょう。

そうこうしているうちに十日か二十日ぐらいたった頃かね。お堂の中が真っ暗になっちゃったの。いやに真っ暗だなぁと思ったら、急にお堂の中が、いぶし銀のようなどす黒い金色があるでしょう。そういう金色の阿弥陀さんがね、天井から下までいっぱいにね、ドーンとしてものすごい大きな阿弥陀さんが、座っておられるのが見えたのね。「いやぁー」とただただ感心するだけでじっと眺めているとね、その阿弥陀さんが蓮台に座っておられるのね。仏さんが座られる蓮の台があるでしょう。お不動さんの頭にのっかっている蓮台ね、あの蓮台ですよ。その上に座っておられるのね。おかしいなぁと思ってね見ているうちに、何か知らないけども今度は有り難くなってきてね。それで何回も何回も五体投地の礼拝をしたの。そう奈良のね、二月堂のお水取の時に行う礼拝のようにね。バターンバターンとものすごい勢いで礼拝しだしたの。有り難くてね。その時にはもう痛いとも何とも感じないんね。それで起きあがってね、またぐるっと回ってね。三回ほど回る間にも阿弥陀さんの姿が見えてたね。三回周り終わってみたらね、今度は真っ暗なの。また真っ暗になっちゃったと思うと、お堂の一番頂上のあたりに普賢菩薩のお姿が現れてね。それでまた礼拝を繰り返して、どたんばたんやったんよね。（同、三四〜三五頁）

これと同様の内容を私は昭和四十八年に聞かせていただきました。それを緊張しながらも感激して拝聴したことを思い起こしています。しかしその時、私の心の中では果たして親鸞聖人は如何だったのだろうかという思いが大きくふくれあがっておりました。もし聖人もこれと同じ宗教体験を得ておられたのならば決して比叡山を下りられることはなかっただろうと思ったからです。

五、自力道へのあこがれ

他力よりも自力への思い

それではここで、話を私の大学時代に戻したいと思います。

私と仏教との出遇いは、高校時代の闘病生活での中からでした。中学は四年をかけ、高校に至っては五年間も費やして卒えたのですから、たとえ大学に進んだとしても、卒業できる自信など毛頭ありません。住職の養父は進学をあきらめろと言います。しかし養母の勧めもあり、やっとの思いで龍谷大学の仏教学科に入学しました。ところがどうしたことか、入学するとグングンと健康を取り戻したのです。夏休みを終える頃から、ほとんど健康な人と変わらないように運動もできるようになりました。その時私は本当に有頂天だったのです。「健康ってなんと素晴らしいんだろう」「私は病気に打ち勝ったんだ」「病気を克服したんだ」、そのような自惚れた気持で青春を謳歌しだしました。その頃の私は、大学に入学したいと思った目的の「仏の存在を問う」など眼中にありません。仏が居たって居なくたって関係ないのです。そのような思いで遊び回りました。今から思えば誠に慚愧に耐えない一時代だったように思います。

大学の二回生になった時、自分の放逸に気づいた私は、真剣に仏教を求めたいと願いました。そのような時、「仏教学」の授業で学ぶ「自力と他力」という用語が妙に私の心を捉えました。そして「自力」を賞賛する思いを懐きだしたのです。自分自身では何の修行もせずに、ただ仏の力に委ねようとする「他力の教え」は、じれったくって受け入れられないと当時の私は思いました。今から考えれば「若気のいたり」とでも言うのでしょうか。私は親が見放したほどの重病を克服したという過信から、自分の道を自ら切り開き悟りに到達するという「自力」の教えが、たまらなく素晴らしく思えたのです。そのような思いから「自力」に共感し、「他力」は自己の可能性を追求したいという青年の私に合った教えではない……とにかく無理矢理そのように信じたのでした。しかしそれは、青春時代に多くの人が抱く、「恋愛」という言葉そのものに酔いしれるように、ただ「自力」という言葉そのものに酔っていたように感じます。

しかし、自力にあこがれたと言っても、自分自身どのように修行して良いのやら全く見当がつきません。とにかく一度修行したいと、ただ漠然と考えていました。そのような時、闘病生活時代に関心を持っていた仏像を鑑賞する旅を始めました。京都や奈良の主だった寺の仏像鑑賞を通して、観音菩薩像にその関心を注いだのです。そこで西国三十三所の観音を巡礼しだしました。目的はあくまでも観音像を鑑賞する旅でありました。しかしそのはずの遍路旅が、訪れる寺のほとんどの本尊が秘仏だったとわかったのです。仏像の姿を拝見する中において心が洗われ、仏を礼拝する気持が起こってくるであろうと考えていた私に、「秘仏」の存在は意外でした。昔のお遍路さんはどのような思いで巡礼をしたのだろうか。そう思わずにはおれないほど、行く先々の本尊が秘仏だったのです。参拝時間はわずかですが、寺から寺への道のりは長いのです。ここで思い当たったのが、昔の人の遍路旅とは「歩く」中において自分を見つめ直す旅ではなかったかということでした。それならば「四国八十八ヶ所巡礼」を本格的に行ってみようと決心したのです。

四国八十八ヶ所巡礼の旅

二回生から三回生に進級する年の三月、八十八ヶ所全てを歩く覚悟で大阪を出発しました。当時、遍路宿(へんろやど)に泊まるには七百円必要でした。これには昼の弁当も含まれています。そこで一カ月でどこまで歩けるか見当がつかなかったのですが、とりあえず三万円を用意して出かけたのです。

迷うが故に三界城(さんがいじょう)
悟るが故に十方空(じっぽうくう)

本来東西無し
何処(いずこ)に南北あらんや

とリュックの背中に大書し、「同行二人(どうぎょうににん)」と書かれた金剛杖(こんごうづえ)をもって、菅笠(すげがさ)をかぶり、キャラバンシューズを履いた、お遍路さんには似つかない格好で意気揚々と歩き出したのです。

ところがわずか二、三日で、たちまち悲惨な目を味わいました。とにかく足が痛いのです。足の裏にたくさんのマメができたうえに、足がスネまで腫(は)れ上がってきました。あまりの痛さに蒲団(ふとん)から起きあがれない状態です。ど

遍路道の道標

うにかして歩くことができたとしても、足を引きずる惨めな姿です。我ながら情けない思いをしたものでした。しかしそれもつかの間で、一週間もすればマメが治り、足の痛みもなくなってきて、悠々と遍路道を歩き続けることができたのです。

ところで、歩く距離を読み誤り、歩いても歩いても次のお寺に行き着かないことがありました。どこまで歩いても田圃の真ん中で宿屋など見あたりません。暗くなった夜中にトボトボ一人で寂しい思いをしている時でした。乗用車が私の隣に停まり、「お遍路さん。乗ってください」と声をかけていただいた時のありがたさは今でも忘れることができません。自分を見つめ、仏を捜し求めて歩いた旅でしたが、多くの人の温かい心に接した旅でもありました。四国の人々のお遍路さんへのいたわりの心によって、八十八ヶ所を歩くことができたのだと思います。

当初は八十八ヶ所すべてを歩く覚悟でしたが、お寺がなければ泊まる処がありません。そこで一日中歩いても次のお寺に着かない時は、やむなくバスを利用することにしたのです。そうしますと、ちょうど一カ月で八十八ヶ所すべてを巡り終えることができました。

私はこの一カ月の間に、多くのお遍路さんに出会い、四国という宗教的土壌の温かさに触れて、様々なことを学びました。たった一人で山道を歩いている時に、仏に見護られて、仏と共に歩いているんだなぁと感じたこともありました。まさに同行二人の実感でした。

ところが最も衝撃的だったのは、八十八ヶ所の遍路をすべて巡り終わってお礼参りに高野山に参った時の事でした。奥の院への参道に、お遍路さんの姿をした人たちが托鉢をしています。そこで、旅で余ったお金をすべてある方に布施をしたのです。すると「貴方はお金を持ってお四国さんをお参りされたのですか」と尋ねられました。「惜しいことをされましたね」「一銭のお金も持たずにお四国さん参りをされると、もっと色々な有り難い体験ができたでしょうに……」と申されるのです。私は思わずその理由を尋ねますと、「今日食べるお金もない。寝る宿もない。そのような時、仏さんが居られるということに気づかせていただけるのですよ」「これが宗教体験です。これを一般の人々は〝お助けを頂く〟と呼んでいるのですよ」と諭すように教えてくれました。この言葉に私は大変驚きました。

「お助け」という言葉は遍路中に何度か聞きましたが、あまり気に止めていなかったのです。「仏の助けを待つようなことであっては自力行とは呼べない」、私はそのように考えて歩いていたからです。しかしそれが宗教体験だと聞かされると私の心は動きました。その日一日の生活にかかる最低の費用を托鉢によってまかなう。たくさん頂くことができれば布施をした人に代ってお賽銭と

四国八十八ヵ所の道中

してお寺に供える。少しも頂くことができなければ食事もとらずに野宿する。しかもそれを決して惨(みじ)めとは考えない。これこそが仏に任(まか)せきって歩く本当の遍路だというのです。自分のお金を持たず托鉢をしながら巡礼を続けることは、実は仏に自分を委(ゆだ)ねる旅であり、毎日が仏に抱かれた生活であることを知らされる旅だと教えられたのです。

私はこの人の言葉に大変感動しました。遍路旅の最後になって「真の遍路の姿」を教えられたように感じました。今から考えますと「他力」と同じ内容のことを語っておられたと思うのですが、その時は「仏のはたらき」としてその内容を受け止めることができませんでした。しかし思わずもう一度、四国へ戻りたいと思ったのも事実です。

指導者もなく、むやみに修行することは無駄な道を歩くようなものだと思い知らされた体験でした。

修行の師を求めて

その年の夏、四国で知り合ったお遍路さんから、富山に良き指導者が居るので一度来ませんかと声をかけていただきました。真言宗の修行を積まれた方で、信者さんを集めて毎年一週間の滝行をされるというのです。どのような師匠（指導者）なのかという興味もありまして、その滝行に参加させてもらいました。立山の山麓にある「大岩さん」という行場で、一日四時間毎に三十分間ずつ滝に打たれるのです。もちろん昼も夜もありません。それを一週間続けました。

最初、師匠は滝に入る作法を懇切丁寧に教えてくれます。急に滝に入らずに徐々に水に馴染むことから始まって、頭を滝に当てずに肩へ水を当てること、あるいは滝に打たれている間中は一心に般若心経を読誦することなどでした。そして私たちが滝に入っている間、師匠は私たちに向かって一心に真言の印を組み、陀羅尼を読誦してくれています。その意味はわかりませんが、その姿を見て、師匠とは有り難いものだなぁ……とつくづく思いました。

また、次に滝に入るまでの休憩の三時間半の間には様々な仏教の解説をしてくれるのです。特に改まって机の上というのではなく、みんなが円座になって、あるいは蒲団(ふとん)の上に寝ころびながら師匠の話を聞きます。最初はよい雰囲気で親しむことができたのですが、師匠の話を聞いている内にだんだんと疑問に思うことが多くなりました。当時の私の仏教知識は非常に貧弱なものでしたが、その知識をもってしてもはっきりと誤りであることがわかる程の内容です。しかもそれをまことしやかに話すのです。多くの信者さんは頷(うなず)いて聞いているのですが、私にはどうしても納得できません。よく聞く話ですが、行者さんは学問を無視し、学者は修行をないがしろにするといいます。修行だけするのではなく学問もおろそかにしてはならない。そう痛感して、私は富山を後にしました。

学問の師に出遇う

一方、大学では自ら進む専攻を決める時期に来ていました。今日では大学入学時に専攻を選択しますが、私たちの頃は三回生の時点で専攻を決定しました。真宗学を専攻するか、あるいは仏教学か、私は迷いました。「自力」に関心を懐いてはいますが、やはり真宗寺院にて育てられた思いがありますので真宗学を専攻すべきだとも考えました。しかし、どうしても素直に真宗学を学ぶ気持にはなれません。やはり「自力」を通しての「他力」を知りたかったのです。

そこで私は親鸞聖人を考えました。私と同じ年齢の頃、聖人はどうされていたのだろうかと思いますと、比叡山で修行し、天台の学問を修めておられたのです。そこで私は迷わずに天台学を専攻しようと考えました。自力に関心があるといえば、友人は雑行雑修だといって私を非難します。しかし自分と同じ年齢時の聖人を考えれば、決してその批判はあたらないという変な反論を展開しておりました。

また、その当時、龍谷大学には名誉教授で佐藤哲英といわれる高名な天台学者がおいでででした。先生は真宗の僧侶で、内に真宗の安心を懐きながら天台学を講じておられたのです。私は先生の学問の内容と同時にそのお姿にも感銘を受けました。私の学問上の師匠は佐藤哲英先生だと強くそう思うようになったのです。ところが三回生の頃、先生はご病弱で講義もとぎれがちになりました。それと呼応するように、龍大も学園紛争の波に呑まれていったのです。そうしますと大宮学舎も封鎖され、授業は自然と休講が続きました。四回生の頃は一年中ほとんど授業ができない状況にありました。

龍大には佐藤先生の他に小島文保先生が天台関係の授業を担当されていましたので、小島先生に学外の天台学者を紹介してほしいと頼み込んだことがあります。そこで曼殊院門跡の山口光圓門主を紹介して下さいました。私は大学が封鎖されている間中、毎日洛北にある曼殊院へ通いました。山口ご門主は八十歳近いご高齢で、心臓病を患われてから「天台学問所」を閉鎖し、一人で病(やみ)あがりの身を癒(いや)しておられた頃でした。しかし学問を志す者を温かく迎えて下さったのです。頭は丸刈りにされていますが、長い髭を伸ばしておられて、その髭を撫(な)でながら天台学の講義を私一人のためにして下さいました。この時の個人授業が今の私の天台学の基礎になっていると有り難く思っています。平日も日曜日もありません。また昼も夜も関係ないのです。私が曼殊院へ寄せていただいた時、ご門主の時間の許す限り講義をして下さいました。また、講義外の余談も大変ためになりました。天台宗の考え方、天台宗の修行の目的など、宗外では聞くことのできない裏話も含めて話して下さいました。これは一年間、ほとんど毎日続きました。その中で今も印象に残っているご門主の言葉があります。

「親鸞聖人は難しい究極的な天台教学の円教(えんぎょう)を民衆にもわかる優しい言葉で説かれただけです」「天台教学と真宗教学とは、究極では同じ事を語っていると思いますよ」。

叡山修行のすさまじさ

大学院へ入った頃には、一時的に佐藤哲英先生も快復され、授業を担当して下さいました。天台学を専攻する院生を集めては、時々比叡山へも連れていって案内して下さいました。そして天台宗の修行の様子を詳しく説明し、行者さんとも会わせていただきました。

その当時、叡山学院の学監をされていた小寺文穎先生も佐藤先生の指導を受けられた方でした。小寺先生は比叡山内一山のご住職で、今日では著名になられた二千日回峰行者・酒井雄哉阿闍梨の師匠でもありました。まだ酒井阿闍梨さんが小寺先生のお弟子になられる以前のことです。私は「比叡山で修行をさせていただけませんか」とお願いしたことがあります。すると「君は真宗を辞めて天台宗の僧侶になる覚悟はあるのかね」と尋ねられたのです。「いいえ、そこまでの覚悟はないのですが、少し自力修行に関心を懐いていますので、親鸞聖人がなされたと聞きます常行三昧程度の修行をしたいと考えているのですが……」と答えますと、小寺先生は「そのような中途半端な気持ちで比叡山の修行をやり通すことができると思っているのかね」「比叡山の修行はすべてが命がけなんだよ」「君は常行三昧程度と簡単に言うが、九十日間も夜寝ずに阿弥陀さんの周囲を歩き通す自信はあるのかね」「しかも比叡山の住職になる資格をまず持つことが、これを修する必須条件なんだよ」。

　言葉は穏やかでしたが内容は大変厳しいものでした。しかし私にはどの言葉もすべてが胸にぐさりと突き刺さりました。そして如何に安易に自力修行を考えていたかを思い知らされたのです。真宗の僧籍も学問も、時には命まですべてなげうつ覚悟がなければ修行などはできるものではないという、この自力道のすさまじさに、圧倒された思いでした。

六、盛永宗興老師との出遇い

明師に出遇う

自力行とは、ただむやみに修行さえすれば良いというものではないことを知った私は、良き指導者との出遇いを求めて模索していました。しかしいかに素晴らしい師匠がおられても、今度は私の立場が問われることになって、これに困惑しました。この俗世間をすべて捨てきって山に籠り修行に専念できるかというと、それほどの覚悟もないのが私でした。正直いってその時、私は自己矛盾を感じました。叡山学院の小寺文穎先生の言葉が大きく私にのしかかっていたのです。片や大学で学問をしながら、いわば日常生活の中において可能な限り自力修行をするという中途半端な事で仏道修行が完遂できるのだろうか、という自己矛盾でした。

そのような時、大学で学んだ「平安仏教」と「鎌倉仏教」との相違に気づいたのです。平安仏教は山修山学で、日常生活を離れて山に籠りきって修行します。それに比べ鎌倉仏教の立場は、日常生活を送る中に仏教を求めます。これが私の求める仏教の形だと思ったのです。鎌倉仏教における自力行とは「禅宗（ぜんしゅう）」に代表されます。ここで私は急に「禅」に関心を深めました。そして私に適した修行は「禅宗」であると思うようになったのです。

そこで真剣に「坐禅（ざぜん）」を組ませていただけるお寺を探しました。幸い京都には多くの禅寺があります。必ず私の願いにかなう禅寺があるものと思って、友達にも頼み、案内書なども見ながら探し求めました。大徳寺（だいとくじ）あるいは妙心寺（みょうしんじ）の塔頭（たっちゅう）などで単発的に坐禅会が開かれていました。そのような事を聞き及んではそこへ出かけました。しかし多くの場合、必ずしも私を満足させてくれる会ではありませんでした。いずれも月に一日、もしくは一泊二日での短期間の坐禅実習にしか過ぎなかったからです。

ところがある時、友達が「君に適したお寺があるよ」と教えてくれたのです。毎日でも坐禅を組ませてくれるというのです。そのお寺は龍安寺（りょうあんじ）の境内（けいだい）の鏡容池（きょうようち）の畔（ほとり）にあって、妙心寺の外塔頭にあたる大珠院（だいしゅいん）という小さなお寺だといいます。私は早速その大珠院へ出かけて行きました。

今でも忘れることが出来ません、私が龍谷大学の大学院博士課程の院生であった昭和五十年五月四日、日曜日の事でした。そこには在家者を対象とした坐禅堂があり、盛永宗興老師という指導者がおられ、坐禅をしたい人には誰にでも坐禅堂を開放してくれていたのです。特に認められれば住み込んで修行することも可能でした。老師のお弟子の雲水さんが二、三人おられて、坐禅の組み方などを教えてくれます。そしてその中の一人、直日という役柄の雲水さんが私に接してくださいました。私の話を聞き終った雲水さんは「このお寺では毎日、朝夕に一時間半ずつ坐禅を組みます。どちらに来ても良いですが、あなたの生活では、朝五時からの坐禅に参加されると良さそうですね。坐禅を終れば、粥座という朝ご飯をみんなで一緒に食べます。その後、日

大珠院の玄関

天掃除というお堂の内外の掃除をしてから大学へ出て行かれたらいかがですか。食事をすることも、掃除をすることも修行の内ですから頑張って来てください」と言ってくださったのです。

私は思わず「費用は如何ほどですか」と尋ねました。それもそのはずで、わずか一日参加の坐禅会も、今まで当然ながら経費を支払ってきたのですから、坐禅を組ませてもらった上に、食事も戴くのです。私が思わず自分の懐を気にして尋ねたのも無理はありません。そうしますと「学生さんには費用を戴きません」と申されるのです。「いつの日か自分で稼げるようになった時、持ってきてもらえば結構です」。私はしばらく狐につままれたような気分でした。今どき、このようなお寺があるんだろうか、というのが正直な気持でした。

隣の龍安寺を見ても観光客でごった返しています。しかも高い拝観料を支払って初めて拝観が出来ますが、それがそのお寺の運営費用にもなっているのです。それに比べ、一切の費用も徴収せずに、修行したい者に好きなだけ坐禅を組ませる。これが本来のお寺のあり様でしょうが、今日の一般寺院でこのようなことは考えられません。この大珠院はどうして運営しているのだろうかと考えざるを得ませんでした。初めて、しかも突然に訪ねて来た者に対して「あなたの好きなだけ修行しなさい。食事も与えてあげましょう。費用は要りません」、そのようなことがいえるだろうか。少なくとも真宗寺院では思いもつかないことでした。

カルチャーショック

初めて訪ねた日は日曜日でしたので、老師による『維摩経』の提唱が行われま

大珠院の坐禅堂内

した。提唱とは老師が自らの修行や禅の体験をふまえて一般の人々にわかり易く経典を講釈されるものです。ですから大学で聞く授業のように用語解説ではありませんから固苦しくありません。しかしながら心の中にズシンと響くものがあります。自分の生きる指針となるヒントを戴く場合が多くあるのです。ですからその提唱には坐禅を組みにくる在家の居士だけではなく、近所の信者さん達も聞きに来ておられました。

私にとっての最初の提唱の時、老師は二十人程度の聴衆に語りかけるように話してくださったのです。『維摩経』の中の「空」の解説です。

「空」を体験すること、それが坐禅です。その「空」を日常生活の中に生かすこと、これが仏教です。ですから日常生活を離れた仏教などはありえません

初めて聞くこの提唱の内容に、私は思わず「ハッ」としました。目から鱗の落ちる思

いでした。今から考えますと、この言葉こそが私にとってのカルチャーショックではなかったかと思います。しかもそのショックには二つの意味が含まれていました。

一つには、私は仏教学を学んでいますので「空」という言葉を絶えず見聞きします。しかしそれは仏教教学を説明する上での用語でしかないと、それまでの私は考えていました。要するに私にとっての「空」とは、現実から遊離した頭の中だけの内容だったのです。ところが老師の提唱はそうではありません。その「空」という内容を自分の上に体験する、それが「禅」だというのです。「空」とは現実に体験し得ることのできる内容だと聴いて思わずショックを受けたのでした。

二つには日常生活を離れて仏教は存在しないという事でした。私たちはどうしても仏教的生活を特別視して考えてしまいます。ですから普段の生活と仏教的生活とを切り離して考えがちですが、仏道修行とは日々の生活をいかに快適に過ごすか、そこに目的を設定しなければ修行の意味が無くなってしまうという教えは、私にとって青天（せいてん）の霹靂（へきれき）そのものでした。今から考えれば当然のことなのですが、その時の私は仏教を学問としてしか把握していなかったのです。だから青天の霹靂のような大きなショックを受けたのだと思います。

わずか一時間弱の提唱でしたが、老師の話を食い入るように聴いたのを覚えています。これ以外の内容にも納得できるものばかりでした。大学院生という、屁理屈をこね回したいほどに反論し、議論したい年頃において、老師の一言一言を「なるほど、なるほど」と、まったく理屈抜きで得心できたのには私自身驚きでした。この反論したくとも反論出来ない老師の言葉の中には自らの修行から滲み出た体験のすばらしさがあることを感じました。それと同時に「この師について、この道を歩むことこそ私の求めていた道だ」「私にとって、やっと進むべき道が見つかった」、思わずそう思ったのです。

毎朝坐禅へ

明くる朝から四時に起きるのが日課になりました。その当時、私は京都の南区に住んでいましたので、北区の龍安寺まで、自動車で走っても三十分はかかります。四時四十五分までに大珠院に着かねばなりません。袴をはき、着物をつけて坐禅をする支度に十分はかかります。ですからそれがぎりぎりの時間です。五時ちょうどに直日が止静を入れます。これは坐禅を組む座具(単布団)にみんなが座った頃を見計らって、引磬(キン)を四回ならすのです。坐禅の始まりを意味します。いったん、止静が入りますと二十五分間動くことが出来ません。これを一炷と呼んでいます。一回の坐禅をする時間です。この間は足が痛いからといって足を組み替えることなどはもってのほかのことになります。十人いたとしても二十人いたとしても空気はピンと張りつめたままで、静寂そのものです。私にとって初めての坐禅でした。昨日、直日から教わった坐禅上の注意点を思い浮かべて座っていました。最初は足の組み方です。右足を左足の腿の上にのせ、その上で左足を右足の腿の上にのせる。要するに動を意味する右足を、静を意味する左足で押えるのです。心の動きを止めることを足が表現するわけです。これを結跏趺坐と呼びます。このような坐禅の組み方を容易くするにはズボンでは無理です。そこで在家の居士達は着物を着て袴をはくのだと教えられました。そしてお尻と両膝とを単布団の高さで調節をして、カメラの三脚のように安定させるのだといいます。その上で腰に力を入れますと自然と脊髄が真っ直ぐに突き立てられます。頭は向かいの障子に平行にもっていかねばなりません。それには頭の頂上

禅堂内の直日単

を空中に突き立てるようにしますと自ずとそのような姿勢がとれます。目は半眼です。すべて閉じてしまいますと眠たくなります。全開しますと外の様子が心の中に入り込みます。ですから、わずかな光だけを取り入れるようにと半開にするのです。そして一メートル五十センチ程度先の敷き瓦の上に見るとはなしに目を落とします。手は足と同じように右手の上に左手をのせて法界定印を組みます。これで坐禅を組む外形はできあがります。

問題は内面です。如何に心を動かさないようにするかが一番の課題です。要するに精神統一です。最初に教えられるその方法は、自分の出入の息を数えなさいということでした。大きく吸うた息をゆっくりと吐いて「一つ」と数えるのです。また大きく吸うて吐いて「二つ」。このように一心に自分の呼吸を数えろと教えられます。「十」まで数えたならば、また「一」へ帰ります。これを坐禅の休憩の合図のキンが鳴るまでとにかく続けるのです。

このような坐禅の組み方を聞いた私は、当初「何と簡単なものだなぁ」と思ったものです。「この程度ならば容易いことではないか」とも思いました。しかしそれが大きな誤りだったのです。方法は簡単ですがこれほど難しいことはありません。単純なことほど私たちにとっては難しいのです。それがわかるまでにそんなにも時間がかかりませんでした。最初の五分間程度は教えられた通りに出来ました。坐禅を組む姿勢といい、息を数える内側といい、マニュアル通りの事が出来たのです。しかしそれはほんのわずかな時間だけです。六、七分も経ってきますともう雑念が入ってきます。自分の息を数えていたはずの心が、それ以外のことを考え始めるのです。

たとえば木々の間で小鳥がさえずるのが聞こえますと、その声につられていつの間にか小鳥のことを考えています。ですから呼吸を数えるのを忘れてしまうのです。十数分も経過しますと今度は足が痛くなってきます。しかも急激に痛み始めます。足が痛みますと息を数えるどころではありません。どうにかして痛みを和らげる方法は無いものかと考えます。痛みが激しくなってくると、息を数えるよりも足の痛み対策を考える方が真剣になります。

まず背中を丸くして足への負担を軽くしようと努めます。あるいは坐を組む態勢を崩(くず)して左足を腿(もも)からはずそうとします。他人にわからないようにゆっくりゆっくり動かすのですが、ごそごそしているのがすぐにバレてしまいます。そうしますと直日から「ゴソゴソするな！」という大きな罵声(ばせい)が浴びせられます。「しまった！」と思ってももう遅いのです。このような状況ですから、息を数えることなどとっくに忘れてしまっています。息を数えることを忘れるどころか、息を数えねばならないということ自体をも、足の痛みによって簡単に忘れてしまうのです。このようにして最初の二十五分間の坐禅は、さんざんな日で終りました。

次の坐禅に入るまでに五分間の休憩があります。その間、他の人と話をすることは出来ませんが、坐禅の姿勢を解いて座具の前に立ち、足の痛みを和らげることが許されます。ただ、この五分間の何と短く感じられることでしょうか。足の痛みがまだ取れない先に次の坐禅の合図が入ります。そうしますと有無なく以前と同じ姿勢で坐禅の態勢に入らねばなりません。第二回目の始まりです。

警策

第二炷（しゅ）には巡警（じゅんけい）が入ります。巡警とは警策（けいさく）を巡（めぐ）らせることです。一メートルほどの長さのある樫（かし）の木で出来た真っ直ぐの棒が警策と呼ばれるもので、これをもった雲水（うんすい）が坐禅中の居士（こじ）たちを監視して回るのです。先ほどの私のようにゴソゴソした者がいたり、背筋を伸ばさずに座っている者がいたり、気が抜けたようにして座っている者がいたり、はたまた眠っている者がいたりするとその警策が振り下ろされます。警策を振り下ろすには作法があります。最初、巡警者と坐禅を組んでいる者とが合掌をします。いっさい声を出さずに事を進めますので、いったん巡警者に振り向かれますと理由を問うことは出来ません。とにかく合掌しなければならないのです。そうしますと今度は警策を振り下ろし易くするための姿勢を坐禅者はとります。そして左右の肩をそれぞれ四回ずつ力一杯に警策が当てられるのです。振り下ろされた後もお互い合掌します。肩には痛みが残ってヒリヒリします。しかし眠いときなどに警策を振り下ろしてもらうと、眠気が取れて後にすがすがしさが残り気持ちの良い時もあります。しかし普通に座っておれば余り叩いてほしいものではありません。最初の頃はいつ振り向かれるだろうかと巡警者が気がかりで仕方がありませんでした。他人が叩かれる姿を横目で見ながら、「痛そうに！」とでも思えば息を数えるのを忘れてしまっているのです。

足の痛み

一炷目は結跏趺坐で足の痛みに耐えかねましたので、二炷目は右足を左足の腿に置くだけの半跏趺坐にしました。これは許された足の組み方です。しかし半跏趺坐でも私には二十五分間は耐えられませんでした。そこで第三炷目は足の組み方を逆にして左足を右足の腿に置く坐形をとりました。それも途中から痛さをこらえるのに苦労しました。もし第四炷目があってこれ以上座らねばならないとなれば、たぶん私は座れなかったろうと思います。それほど私にとって最初の坐禅は足の痛いつらいものでした。

第三炷も終りに近づいた頃、典座（食堂）から雲版が鳴ります。粥坐（朝食）の準備が出来たという合図です。この雲版の音を聞いてやっと救われた思いがしました。

このようにして、第一日目、三回の坐禅ともにさんざんな結果に終わりました。足の痛みをこらえるだけで坐禅の時間が終わった感じでした。坐禅の目的としての精神統一などは、遙(はる)か先のことだと思い知らされたのでした。

七、坐禅に励む

坐禅以外の禅修行

禅堂で坐禅をすることのみが禅の修行だと考えていた私は、その誤りに気づくのにそれほど日数はかかりませんでした。

早朝の坐禅中、足の痛みをこらえてやっとの思いで聞いた典坐（食堂）あたりから鳴る雲版の響きは、地獄で仏にでも出逢ったように助けられたという思いでした。やっとこれで足の痛みから解放されるという坐禅終了と同時に、温かい食事がいただける粥座（朝食）の合図でもあるのです。雲版が鳴り終わると同時に各自が鉄鉢（持鉢＝食器）をもって典坐へ集合します。ところがすぐに食事をいただけるかと思っていると、そこには食作法が待っていました。幸いに私は畳に座りましたが、板の間に座っている居士達もいます。しかも今度は正座です。食事が終わるまで足を崩せません。全員が集合した段階で一斉に『般若心経』を唱えます。そのお経のリズムにのって持鉢を並べ（展鉢）

ます。これは『般若心経』を暗唱していなければ出来るものではありません。しかし私は『般若心経』そのものを諳んじていませんでした。ですからお経本を机の上に置きながら作業をしますので、どうしてもスムーズにいきません。みんなの目が気にかかります。展鉢が終わりますとおかずが順次回ってきます。好きなだけ鉢にとればいいのですが、それも誦経中にしなければなりません。次に漬け物です。その次にみそ汁です。そして最後にお粥です。お粥を鉢に入れた後、鬼神に供養するために少しの飯をとります。これを散飯といいます。

最後にやっとの思いで食事の準備が出来ますとお経も終わるようになっています。否、お経に合わせて食事の準備をするといった方がいいでしょう。十人であっても二十人であってもまったく同じペースです。要領を得た団体生活の作法だなぁと、なぜか妙に感心してしまいました。直日の「チョキ」という拍子木の合図で全員が一斉に合掌して食事を始めます。いっさい無言です。音を立ててはいけません。漬け物を噛む音、みそ汁をする音などがしますと、直日が「音を立てるな！」とどなります。漬け物を食べるのに音を立てて噛むわけにはいかないのです。一瞬「そんなばかな」と思いました。「漬け物とは音を立てて噛むから美味しいんだ」。私は心の中で反発していました。そうすると、一緒に食事をしていた盛永宗興老師が「漬け物を音を出さずに噛む方法が必ずある。それを工夫して見つけなさい。工夫という言葉は本来禅宗の用語です」と申されたのです。私の心を見透かされたように感じましたが、ここにも禅の修行の一端があったのです。

もちろん贅沢な食事ではありません。一汁に漬け物、それにわずかなおかずという質素な食事ですが、これが修行かと思えばなぜか美味しくいただけるのが有り難く感じました。

そろそろ食事も終わりに近づきますと先輩の雲水や居士達が箸を置き、手を休めているのに気づきます。団体行動ですから新入りの私たちの食事の終わりを待ってくれているのです。それに気づいた私は急いで粥を飲み込みました。しかし中には他人の目を気にせずに黙々と食べている新米居士がいます。声をあげて注意が出来ませんので、皆が横目でその人をにらみつけます。そしてその目がだんだんと憎しみの目に変わっていくのです。それもそのはずで今度は正座をした足の痛みが極限に達しています。

粥座が終ってから日天掃除が始まります。堂内掃除、トイレ掃除、庭掃除などそれぞれの部署に分かれて一斉に始めます。この時に苔の上を裸足で掃除をする快い感覚はいまだに忘れられません。自宅での掃除などはつい手を抜いてしまいがちですが、どうしてか大珠院での掃除は手を抜くどころか出来るだけ入念に行っている自分に気づいて少し不思議にすら感じました。

＊　＊　＊

数カ月通って、これら修行の雰囲気が大変気に入りました。もっと真剣に修行してみたい、そう思った私はその年の秋に、南区から大珠院の近くの右京区へと下宿を移して本格的に禅に取り組むようになったのです。

托鉢

移り住んだ下宿は、大珠院へ歩いて十分程度のやはり妙心寺の塔頭で仙寿院といいました。六畳間ほどのプレハブの建物で本と机を運び込めばそれでいっぱいになりました。「金がない君のことだから、無理をせんでええ。勉強する場所だけ確保しておきなさい。そして時間があれば寺へやって来なさい。食事も寝るところもあるぞ。着る物がなくなればわしの古物をやるからな！」。老師はそのように言ってくださったものですから、本当に勉強部屋のみにそのプレハブを借りたのです。そして老師の言葉に甘えて、それ以来、毎日大珠院と仙寿院と大学との三者を往復する生活になりました。日曜日などはほとんど大珠院で過しました。

そのような時、托鉢修行をさせて欲しいとお願いした事があります。「あなたの頭がいかん。坊主にしなければ托鉢ができん」といわれました。毛の長い禅僧など見たことがありません。そこで私も決心して頭の髪を落したのです。今日、学生が「どうして先生は真宗の坊さんなのに坊主頭なのですか」とよく聞きますが、私はその時以来、髪型を変えていないからです。

そこでやっと頭の髪を落して雲水さんの姿をし、托鉢に参加させていただく時が来ました。網代笠を手にとってお寺を出発するその時に、先輩が注意を与えてくれます。

①叉手当胸といって交差させた手を胸に当てて正面を向いて歩く。

②電信柱を一本おいた間隔で、一人一人順次に歩いていく。

③前後両端ではなく、新到者（入門者）は先輩の雲水に囲まれるように中に入って歩く。そして前の二人の雲水に聞えるような大きな声を出して「ホー」ということ。

すなわち電信柱でいえば四本先まで聞こえるほどの大きい声で「ホー」と言う。「HO」だよ。
④頭陀袋にお金をいただいたならば、直接手に持ってはいけない。手に取らずに折り曲げて袋の中へ入れること。
⑤前の雲水を見失ってはいけない。
⑥網代笠を上げて布施してくれる人の顔を見てはいけない。
などなど注意事項はこの程度だったと思います。⑤、⑥などは当然のことだと思って侮っていましたが、実際の場になると注意を受けたことが起こってくるので不思議な思いでした。

ところでどうしても納得できなかったのが③です。托鉢時に「HO」という言葉をなぜ言うのか、その意味は何かを尋ねたのです。すかさず「ホーだからホーだ。要らない質問はするな」という答えが返ってきました。禅的教育方法でしょうが、私たちには大変無理強いな感じがしたものです。ですから少し反発を感じたのも事実ですが、今になって思いますと、これも素晴らしい仏教的教育方法だと思えます。今日、私たちは「阿弥陀さんって本当におられるのですか、おられるのですと私の前に出してください」という質問を学生からたびたび受けます。この質問にいくら理屈で説明したところで納得されるものではありません。自らの体験の中から自ずとわかってくるものでしょう。要するに「要らない質問をするな！」ということになるでしょう。

京都市内の托鉢僧

　さて、右のようにして実際に京都市内に出てみますと、たくさんの信者さんが雲水の来るのを待っていてくださるのです。たぶんいつも通る道が決まっているからだと思います。十円硬貨を数枚握って前を通る雲水さん一人一人にお布施をするおばあさんが幾人もおられます。

また、お腹のそこから大きな声で「ホー、ホー」と唱えますので、家の中まで充分に聞えます。そうしますと「雲水さんが来た」（京都市内ではこれを「ホーが来た」といいます）といって家事をしている奥さん達が財布を持って家の外へ出てきてくださいます。だいたい一人目の雲水は行き過ぎて、ちょうど、二人目か三人目かの私たち新到者の場になるのです。このようにお金でいただく場合はまだ良いのですが、時にはお米でお布施をして下さいます。これもやはり首からかけた頭陀袋にお金と一緒に入れます。お米を五キログラム以上もいただきますと首にかけた頭陀袋の紐が食い込みます。痛くって痛くって仕方ありません。最初の托鉢行としては困ったものの一つでした。

このような場面もありました。「ちょっと、ちょっと雲水さん待っておいて、財布忘れてきたからとってくるわ……」と言われるのです。仕方ありませんからその場でジッと待っていますと、しばらくしてお布施を持ってきてくださいます。回向文を唱えてお礼を言い、歩こうとしますと、全員の姿が見えません。キョロキョロしていると通行人の方が「雲水さんはあっちへ行かはったえ」と教えてくれます。そこでやっとの思いで追いつきますと「何をウロウロしているのか」と先輩から叱られるのです。「それは無茶な」と思っても反論することが出来ません。ただ「はい」と応えるしかないのです。私は托鉢のお陰でかなり素直になりました。

托鉢から教えられた心の汚さ

ところで托鉢の本来の意味を教えてもらった出来事がありました。
網代笠をかぶりますと前がほとんど見えません。二、三メートル先しか見えないのです。今日の交通量の多い道を歩くには危険きわまりないかぶり物です。なぜこのような物をかぶって歩くのか疑問に思っておりました。そのような時「ホー、ホー」と言って歩いている私の前に赤いミニスカートに、黒いハイヒールを履いた女性が突然に立たれたのです。私からは顔が見えません。通常お布施(ふせ)をしてくださる方は年輩の方が多いのです。それは下半身の着物からの想像ですが、しかし一度もミニスカートの女性から布施物をいただいたことはありません。その女性が「お布施をさせてください」と言って百円硬貨を出されたのです。私は思わずその女性の顔を見たいと思ったのか無意識に目を上げたのです。しかし顔など見えるはずがありません。見えたのは網代笠の裏側です。私はその裏側の網代を見て「しまった」と思いました。布施者に対して私の心が動いた事になります。年輩の女性だったら動かなかった私の心がミニスカートの女性には動いたのです。しかもその動き方が、頭で考えてから動いたのではありません。考える前に目が先に上を見ていたから始末が悪いと思いました。

「三輪空寂の布施」という仏教学上の布施に関する解説があります。「施者輪＝布施をする者」と「施物輪＝布施その物」と「受者輪＝布施を受ける者」との三者に対して決して執らわれてはいけない（空寂でなければならない）、もし執らわれるならば布施を構成する三者は車の輪のようにうまく回らないと言う意味です。

＊　＊　＊

私はこの中の「施者輪」に執らわれて、布施が円滑に回らず止ってしまったことになります。ただこの執着はすでに書きましたように、自分が考えるよりも先に目が動いたところにその深さがあるように思いました。もし私が「若い女性だから顔を見たい」と自分の頭に思い描いてから目を動かすという行動に出たのならば、まだこの執着に対する対処法も容易だと思うのですが、考える前の行動ですから、心の底の底（意識下の意識）を変革するだけの修行を積まなければならないと、その煩悩の深さを思った次第です。

また、このようなこともありました。托鉢僧達は人の顔を見ることが出来ませんが、いただくお金は大変よく見えます。お金だけを見て托鉢しているようにも感じるほどです。いただくお布施は十円・五十円・百円玉が多いです。たまに五百円玉でもいただけば思わず「うわー」と言いたいほどになります。このようにすべてが硬貨です。ところが同じように托鉢をしている最中に、今度は紳士が私の前に立たれて「これお布施です」と千円札を出されたのです。私にとっての初めてのお札でした。この時も思わず施者の顔を見ようと目を上にあげました。しかしやはり網代笠の中です。先ほどと同じようにまた「しまった」と思ったものです。今度は「施物＝お金」の額に執着してしまったのです。

商店街の中を托鉢していた時のことです。お店の前で「ホー、ホー」と大声を出すものですから、店の邪魔になったのでしょうか、奥から店主が出てきて一円玉を布施してくれたのです。金額にかかわらずお布施をいただいたならばその場を立ち去らねばなりません。一円玉は立ち退き料だったのです。私は思わず「腹立たしく思い」顔を見上げました。これも網代笠の中でした。「施物＝お金」の少なさに私の心が執らわれて動いた証左でしょう。

このように網代笠の中は私に多くのことを教えてくれました。私の懐に入るために行う托鉢ではありませんから、いくらいただこうとどうでも良いはずです。ところが一円の布施よりも百円の布施の方が嬉しいのです。百円よりも千円の方が有り難く感じます。多くの布施をもらった時には、思わず「ご奇特な方」と思ってしまいますが、逆に一円玉一枚をいただくと「お坊さんを何と心得ているのか！」と叫びたくなる思いでいっぱいです。なぜ人間はこのようにお金に敏感なのだろうか、いや私はなぜこんなにもお金に執着するのだろうかと私の欲の深さを強く感じさせられました。

雲水とは「行雲流水」の略語です。「雲の如く行き、水の如く流れる」という意味から雲水というのだと聞きます。この言葉に仏教の精神が込められていると思うのです。東から風が吹けば雲は西に行き、水は高きより低きに流れる、そこにはいっさいの私心がありません。「あのようにしたい、このようにしたい」という思いがありません。ですからおまかせの心境そのものです。お布施をいかに多くいただこうが、いかに少なくいただこうがそれに執らわれてはいけないのです。金額の多少によって心を動かしてはいけないのです。「してはいけない」というよりも、そのような気持が起こってこない心の状況をいうのかも知れません。そのような心境に至るための禅修行でなければならないのですが、当時の私は若い女性に執らわれ、金額の多少に執らわれて、一喜一憂もただならないものがありました。もし禅の目指している境涯に至れば、何と心が安らぐことかと思ったものです。一億円いただいても「ありがとう」、一円いただいても「ありがとう」と同じ気持で心底お礼が言えるような境涯にいつ至ることが出来るだろうか……そのような期待と不安を抱きながら行った托鉢修行をなつかしく思い出します。

八、参禅の厳しさ

坐禅に取り組む

托鉢行も大切ですが、やはり禅の修行の基本は坐禅です。毎朝坐禅に通いましたが、座る時間は三炷（三十分を三回座る）で一時間半しかありません。少しずつ坐禅になれてきますとそれだけの時間では物足りなくなります。

もう少し集中的に坐禅が出来ないかと考えていた時のことです。直日から声をかけていただきました。「一度、接心に出てきませんか？」と言うのです。「接心」とは一週間集中的に坐禅をする期間をいいます。大珠院でも一年間を三カ月毎に制中・制間と分けて、制中には厳しく、制間には少し緩やかにというような緩急をつけながら一週間の接心を行っていました。

私が最初に接心に参加したのは「制中」の時でした。ただまとまった坐禅をしたいという気持だけで出席したものですから普段と同じ気持ちでいました。ところが制中の接心の坐禅の仕方は平素とはまったく違った雰囲気で、大いに気合の入った坐禅でした。私は驚くばかりです。直日の叱咤する罵声は言うまでもありません。接心に参加している居士達もピリピリとした表情をしています。例によって坐禅は一炷三十分を三回繰り返すワンパターンで進められます。接心中はこのパターンが一日に七、八回繰り返しながら行われます。だいたい一日十時間程度座っていることになるでしょうか。足が痛い、お尻が痛い、警策を受けて肩が痛い、痛いずくめの中でも一生懸命に息を数えるのです。

ところがこれがなかなかうまくいきません。息を数えている最中に、すぐに他のことを思い浮べてしまいます。これがいわゆる妄想という乱心です。「心とはころころ変るから心という」などと聞きますが、まさにその通りです。ふと気づいてみれば息を数えるどころか、まったく思いも寄らないことを考えている時があります。なぜ今こんなことを考えているのかと逆に遡っていきますと、些細なことがきっかけとなって思いが次から次へと展開して来ているのが解ります。

単に息を数えるという単純なことがなぜ真剣に継続出来ないのかとしきりに自分を悔やみました。それと同時に、この次は気合を入れて坐禅をするぞと思い直すのですが、残念ながら一炷と持ちません。散々な敗北を喫して第一回目の接心は終わりました。

公案

「もう少し真剣に坐禅をしたいと思うならば老師から公案をいただけばどうですか……」

直日がそのように勧めてくれました。「公案」とは臨済禅の特徴の一つで、老師から与えられる問題をいいます。その問題を繰り返し繰り返し心の中で考え、これに参究し、これを工夫し、老師と問答することによって見性（悟り）に至ろうとするものです。このことを公案を拈提するといいます。「しっかり拈提せよ」と坐禅中にたえず活を入れられるのはそのためです。私には数息観さえうまくいかないのに、という不安がありましたが、直日の勧めでもありましたのでそれを受けることにしました。

最初に公案をいただきに行く時のことです。禅堂での坐禅の最中、突然に直日が引磬を打ち鳴らして「参禅！」と大きな声で叫びます。そうしますと公案をいただいている居士達は一斉に立ち上がって前門から老師のおられる隠寮へと一目散に歩いていきます。そして順番に廊下に正座をして待ちます。全員が揃ったころ先頭の者が小さな喚鐘を二回打ち鳴らします。入室してもよろしいでしょうかという老師への伺いの合図です。そうしますと室内から老師が鈴を鳴らします。「入って来い」という許しの合図です。禅寺ではこのように一切無言ですべてが鳴らし物によって運ばれます。

いよいよ私の番が回ってきました。老師がおられる室内は昼でも蔀戸が下ろされていて、ご本尊にただ一本の蝋燭が点されているだけの八畳ほどの部屋です。まず最初、部屋の入り口において五体投地（ごたいとうち）の礼拝を行います。頭と両肘（りょうひじ）と両膝（りょうひざ）を畳に打ち伏して合掌をする一番敬虔（けいけん）な礼拝作法です。そしておもむろに合掌のまま、ご本尊には見向きもせずに部屋の隅に座っておられる老師の前に進みます。蝋燭だけの明りですので老師の顔すらはっきりと見えません。そしてその老師に対して再度、五体投地の礼拝をするのです。ご本尊に礼拝せずに老師に礼拝するのは浄土真宗の寺で育った私には異様に思えました。しかしこれこそが禅宗の特色とでも言うのでしょうか、この時の老師はすでに「覚体（さとったからだ）」なのです。ですから老師に五体投地の礼をするのです。

ところで、それが済めば老師に頭を下げたままの状態で「公案をいただきに参りました」と申します。

すると老師は穏やかな言葉で「両手を打てば音が出る、片手の音を見てきなさい。これを白隠禅師の隻手音声という」と申して下さいました。私は「はい」と申し上げると同時に、老師は鈴を鳴らします。「退出せよ」という合図であると同時に、次の参禅者の入室許可になります。私は立ち上がって合掌礼拝し、後ずさりします。部屋の出口で再度、五体投地をして禅堂へ戻ります。

　さあ、その後が大変です。一体この公案をどうしろというのかさっぱり解りません。ただ拈提しろと教えるだけで、拈提とはどうすることかも知りません。「片手の音」とは何をいっているのか。次回にはどのように老師に答えればいいのか。暗中模索もいいところです。休憩時間に直日に聞いてもニタニタ笑っているだけです。また同僚に尋ねても「自分で考えるんだね」と言うだけで相手にしてくれません。

　三炷ワンパターンの中には一度の参禅が組み込まれています。その時には老師の前に出向いて何か答えなければなりません。この答えを「見解」と呼んでいます。勿論、老師に尋ねることなど出来ません。ある時は老師の前で片手を振って「パン」と言ったことがあります。老師は何も言われずに鈴を振られました。何か一言でも言ってもらえればそれをヒントに考えることが出来るのですが、いったん鈴を振られますとそれで終わりです。いったい何を考えろというのか、どうしろというのか、大声で叫びたいような思いに駆られることがしばしばでした。

今から考えますとこれが禅における教育方法だったのです。しかも現在ではその意味を理解できるのですが、その頃の私にはわからないことばかりでした。大きな疑問を抱かせて精神を集中させようという意図がどうしても読みとれません。ただ意地悪としか思えませんでした。しかし一方では「意地悪であるはずがない」とそれを強く私の心の中で否定するのですが、自分が苦しくなってくると、ついそう思ってしまうのです。「人間とは得手勝手で弱い存在だなぁ」とつくづく感じました。しかしそのような時に老師が提唱時にいつも言っておられる言葉が甦りました。

仏教とは『信』を土台とするものだ。
師を信じ、仏を信じ、法を信じる……この『信』がなければ仏道修行は出来るものではない。この言葉は私に重くのしかかりました。

ご案内

暗中模索の中で拈提（ねんてい）する公案（こうあん）ですから、私の見解（けんげ）はまったく進みません。ですから最初の頃は意気揚々と老師の前に参禅（さんぜん）に行っていたのですが、四、五回、あるいは五、六回と回を重ねる毎につい足が鈍ってしまいます。そのような中で制中（せいちゅう）の接心（せっしん）も佳境に入って来たのです。

ある時、私にはまったく見解が出てこなくなりました。何を答えても老師は受け付けてくれませんので、私にはもう答えるすべが無くなってしまったのです。そこで直日が「参禅」と声をかけても、私は一人禅堂に残って坐禅をしておりました。すると直日が雲水の姿着にタスキを掛け、しかも警策を持って私の前にやってきたのです。警策を私の目の前に突き出して怒鳴るように「なぜ参禅しないのか！」と問いかけます。私は「見解がありませんから」と答えますと「見解が無くとも参禅しろ！」と言うのです。内心「そんな無茶な……」と思ったのですが、直日の形相からして逆らうと大変だと思いまして渋々参禅に向かいました。老師の前で五体投地の礼拝をしている最中でさえ「何と答えればいいのか」そればかり考えていました。そこでやむなく開き直って正直に「見解がありません」と老師に答えました。すると頭を下げている私の背中を老師は竹篦で「しっかりと拈提してこい」と言って力一杯に殴られたのです。私は「ハッ」としました。この時の痛みは今日でも忘れることが出来ません。

私は散々な思いで禅堂に戻ってきました。すると前門に、先ほどの直日がタスキ姿で待っているのです。平素にないドスの利いた声で警策を突き出し「見解は通ったか！」と尋ねます。見解が無いと言っている私を無理矢理参禅に行かせたのですから通るはずがありません。「意地悪い奴だ」という思いから「通るはずがないでしょう」とふて腐れて言いたかったのですがそれが言えません。しかたなく素直に「通りませんでした」と答えますと、なんと「もう一度老師の元へ参禅して来い」と言うのです。

もうここまで来れば私の方の我慢も限界です。「イヤだ！」と思わず怒鳴りました。すると私の胸ぐらを掴んで「行け！」と言います。私はこれ以上どうしても答えが出ませんので、腕ずくでも抵抗しなければと思い「どうしてもイヤだ！」と叫びます。「そんなにイヤなら儂が連れて行ってやる」といって私の首根っこを掴まえて引きずるようにして行きます。この時の直日の態度は犬か猫の子を扱うようなもので、とうてい人間と認めてくれた行動とは思えません。私は直日の手を振り切りましたが、抵抗はそこまででした。

ついに直日の剣幕に負けてしまい二度目の参禅に行かねばならなくなりました。進退窮まるとはこのことで、進めば直日が立ちはだかり、退けば老師の竹篦が待っています。どうなることかと恐る恐る老師の前に進み五体投地をするや否や老師は「ニタッ」と笑って鈴を振りました。

……僧堂ではこれを「ご案内」と呼ぶのだそうです。この「ご案内」を受けた当時、私は余りにも理不尽なことだと腹立たしく思っていました。しかし後になってよく考えてみますと、これほど有り難い指導はありません。これらはすべて精神集中に入る手段としての「ご案内」であったのです。凝り固まっている心を解きほぐす方法でもあったのです。それを思いますと、老師や直日を恨んだ自分が恥ずかしい限りです。自ら怨みを受けるのを覚悟しながらも、老師と直日とが息を合わせ、新参者を力ずくで教育してやろうという慈悲の顕(あらわ)れだったのです。それが私たちには理解できません。理解できないどころか、直日を逆に恨みに思ったものです。親の心、子知らずとでも言いましょうか、御仏(みほとけ)の心を凡夫が知らないようなものです。

私たちはこのような手ほどきを受けなければ、精神集中の世界に入れないのです。「三昧」とか「禅定」という言葉を簡単に使いますが、その三昧境に入ることの難しさを私は坐禅を通じてイヤというほどに味わいました。

臘八の大接心

一年中を通じて一番厳しい修行期間が十二月の一日から八日にかけての接心です。臘月（十二月）八日ということからこの修行を「臘八の大接心」と呼んでいます。昔、お釈迦さまが苦行林から出てこられ、十二月の一日から八日間、一睡もされずに菩提樹の下で瞑想にふけられ、八日の明けの明星の輝きを見て大悟徹底されたと伝えられます。いわゆるこれが釈尊の成道です。このお釈迦さまに続け、という故事に倣って禅宗では毎年「臘八の大接心」を行います。私が通っていた大珠院でも居士達が十一月三十日の夜からお寺に泊り込んで臘八を迎えました。

十二月一日は朝三時起床です。約一時間の諷経（朝課の読経）の後、四時半から三炷の坐禅です。六時に粥坐（朝食）。その後一時間あまりの日天掃除（堂の内外の掃除）。八時から三炷の坐禅を二回繰り返して十一時半に斎坐（昼食）。午後しばらくは随意坐（各自自由に坐禅を組む）。二時から再度規矩坐（一炷三十分と決めて座ること）に入り、四時から晩課（夕方の読経）。五時に薬石（夕食）。六時から三炷の坐禅、七時半から老師による提唱（白隠禅師の『臘八示衆』をテキストに使用）。八時半から三炷の坐禅。十時開枕（就寝）、というのが決められたスケジュールです。食事をする時も、諷経の時も坐禅の姿ですから、日天掃除の時だけが坐を組むのを止めて自由に立って歩くことが出来る唯一の時間になります。

ところで問題は開枕後です。一応、スケジュールの上では就寝しても良いということになっているのですが、実際は寝させてくれません。いったんは横になるのですが、堂内の電灯が消えますと、先輩の居士から順に単布団（坐禅時に使用する座具）を頭に乗せて堂外へ出ていきます。石の上で、あるいは軒下で、あるいは大きな木の下でそれぞれが思い思いに坐禅を組みます。これを夜坐と呼んでいます。やっとの思いで寝ることが出来ると喜んでいるところに、先輩が夜坐に出ろというのです。しかもすべての先輩が堂内に戻ってからでなければ新到者（新参者）は帰ってはいけないともいいます。五時間程しか寝ることの出来ない貴重な睡眠時間と思っていた私にとっては許し難い内容に思えました。

しかし最初は興味も手伝って言われるままに堂外へ出ますと、夜坐をしている先輩の姿に感銘を受けたものです。目を凝らしますとあちらこちらで座っています。その姿が月光に照らし出されて私には美しくすら思えました。欄干もない石橋の上に単布団を敷いて坐禅をしている先輩がいました。うとうとと眠ってしまえば池に落ちてしまいますから眠ることの出来ないように自分を追い込んでの坐禅です。その姿を貴く感じたものです。私は思わず「これはウカウカ寝ていられないぞ」と発憤させられました。しかし二時間もすれば一人の姿が消え、また一人消えというように、徐々に少なくなっていきます。そろそろ堂内に帰って寝ようかと思った時はすでに十二時を回っていました。

堂内の柏布団《かしわぶとん》（真四角の形の布団で、半分に折った中に入って寝る、いわば上布団と下布団が一枚になったもので、これを柏の葉になぞらえ、餡《あん》に相当するのが人間に当ることから柏布団といわれる）に横になり坐禅の足の痛みを延ばしてホッとした瞬間にもう眠っていたのでしょう。開静《かいじょう》（起床）という鈴の音が聞こえるまでにはさほどの時間差を感じませんでした。もう三時だったのです。

飛び起きなければなりません。すぐに本堂で朝課が始まります。

九、禅修行の果てに

臘八大接心の厳しさ

最初の臘八の大接心は無我夢中で、直日の指導のままに、不安だらけの八日間でしたが、一番に辛かったのは中日直前の三日目でした。一日の中ほぼ二十時間近くも坐禅を組んでいますと足が痛くて痛くてたまらなくなります。結跏趺坐などとうてい出来ません。半跏趺坐すらままならない状態です。要するに片方の足を反対の足の腿の上に載せることが出来ないくらいに痛みます。かといって安坐（あぐら）は厳禁です。どんなに痛くったって半跏趺坐を組まねばなりません。しかもその上、お尻が痛いのです。単布団という綿の入った坐具を三重に折り曲げ、その上にまだ座布団まで置いて座るのですから痛いとは言えないはずですが、同じ姿勢をとり続けますと綿布団に座っているという感覚がなくなってしまいます。鉄製の板の上にでも座っているように感じられるのです。ですから雲水さんの中には「痔」に悩まれる方が多いと聞きます。

一方、巡警が絶えず行われます。警策を持った当番の雲水が坐禅を組んでいる居士達に容赦なく警策を振り下ろします。夏の期間は二回ですが、冬の期間ですから片方の肩に下ろされる警策は四回です。両肩で八回も樫の棒で殴られるのですからたまったものではありません。歯を食いしばって足の痛みを我慢しているのが巡警の雲水には見え見えなのです。坐禅を始めた最初の頃はどうしても痛みを避けるために身体をゆがめます。あるいは見つからないように足をずらすのですが、その所作が巡警者にすぐにわかってしまいます。見つかれば警策が待っています。

あるいは少し気を緩めると睡魔が襲ってきます。普段一日六時間あまりも睡眠を取っている者が二、三時間しか寝ないのですから当然のことです。自分では公案を拈提しているつもりなのですが身体は眠っているのでしょう、意識は朦朧として雑念だらけになり、頭がフラフラしてきます。このような時に警策を受けると眠気が覚めるのですが、何度も何度も警策を受けますと肩がヒリヒリして赤く腫れ上がってきます。その上にまた警策を受けるとなりますと、喝を入れられているというよりも、処罰を受けて棒で殴られている思いになります。

足が痛い、尻が痛い、肩が痛い、その上に眠いのですから拷問の責め苦にでもあっている感じがします。私にはその上、少しも進まない公案があります。一日数回参禅をして老師の前で見解を披瀝しなければなりません。この見解が全く出てきません。これも大きな苦痛の種です。そう考えますと、当初は勇んで坐禅に取り組んだ私でしたが臘八大接心三日目の夜には正直いってとんでもない所へ来てしまったなと考え込んだのです。人間というものは実に弱い者だと思います。イヤ私自身が弱いのです。苦しみが襲ってくればそれに立ち向かおうという気持よりも先に、どうにかしてそれから逃げ出そ

坐って半畳　寝て一畳

うという思いが襲ってきます。「いっそ夜中にこの寺から逃げ出せばどうだろうか？楽になるだろうな……」それを真剣に考えました。「否、そのような不義理なことは出来ない。なによりも坐禅をしたいと思ったのはおまえ自身じゃないか！」私の心の中で自問自答の葛藤（かっとう）が始まります。やっとのことで、とにかく八日間の大接心だけは貫こうとその場は納得したのですが「それにしてもこんな眠い夜坐（やざ）の中で坐禅をしていて一体何のメリットがあるというのか。誰も見ていないのだから寝てしまえばいいじゃないか！　今晩寝て明日清々（すがすが）しい気持で精を出そうじゃないか！」ともう一人の私が妥協的誘惑をします。そうすると初心貫徹を主張するもう一人の私はその影を小さくしてしまいました。

明くる朝のことです。私の隣で一緒に坐禅をしていた居士がおりません。柏布団（かしわぶとん）だけが残っていて、彼の荷物は何もありません。昨夜私が考えていたことと同じことを彼も考えていたのでしょう。夜中に逃げ出したのです。

四日目を過ぎますと身体も痛いなりに慣れてくるのでしょうか、眠さは少なくなり、足や尻の痛さも少なくなってきたように感じました。しかし警策による肩の痛さは増すばかりで、加えて公案は一向に通りません。しかし不思議なことに最後の七日目の夜のことです。この日は徹宵夜坐（てつしょうやざ）といって全員が寝ずに、夜を徹して午前三時まで規矩坐（きくざ）の坐禅をします。しかし私は一向に眠くならないのです。大変に目が冴えてきています。身体は弱っているのでしょうが、神経は過敏になっています。龍安寺の鏡容池の畔の大珠院に居るのですが、京都市内の世音が大変よく耳に入ってくるようになります。

鼻も敏感になっています。臘八の八日間お寺に泊まり込んで坐禅が出来ない人々は、夜だけの坐禅に通って来ますが、そのような方の中に少し化粧を残して禅堂に入ってこられる女性がおりました。そうしますとその化粧の匂いが堂内に充満するように感じられるのです。しかも普段いい匂いだと思っている女性のその化粧の匂いが、きつく鼻についてイヤな匂いとして嗅（か）ぐのです。

眼・耳・鼻・舌・身・意という順に研ぎ澄まされてくるのかなと思うほど、順に敏感に感じました。「鼻根まで澄んだのだから、意根が澄むまではもう少しだろう。意根が澄めば見性出来るぞ……」。ここでいう見性こそが臨済禅が初期的段階として目指す禅定三昧の境地なのです。そしてそこに至るための公案ですから「私も早く公案が通ってとにかく見性したい……」、そのような思いで七日間を過してきた次第です。しかし一向にその兆しが見えません。やっと眼根、耳根、鼻根と澄んできたかな、と思える状況です。しかも足の感覚や手の感覚も無くなってきました。私にとってこれが兆しではないかと勝手にそのように考えてしまいました。そうしますと十二月八日の午前三時に接心が終わるのが惜しい気持ちになりました。もう一週間これが続けられれば私もきっと見性出来るだろうに残念だ、と正直そのように思えるのです。苦しくて逃げ出そうと考えた第三日目の気持ちなどその時の私にはもうありません。苦しいことに違いないのですが自分でも不思議なほど、その時の坐禅の状況を有り難く思い、そのままの時間の継続を願っていたのです。「このような体験を、もう一週間続けることが出来ないだろうか」と本当にそう思ったものです。しかし午前三時は容赦なくやってきました。

法を疑い、師を疑い、そして自分を疑う

臘八（ろうはつ）の大接心（おおぜっしん）は終わったものの、私にはその最後の第七日目の夜の体験が「見性（けんしょう）するのにはもう少し……」という思いを強くしました。そして二年目を迎えたのです。毎月の接心は出来る限り参加しました。そして十二月にまた臘八の大接心がやってきました。「今年こそ……」との思いで参加したのです。足の痛み、尻の痛みは昨年に比べて比較にならないほど楽に過すことが出来ました。睡魔もあまり気になりません。一年あまりが経過すれば坐禅の形はほぼ出来たのでしょうか、警策（けいさく）をむやみに受けることもあ

りません。ですから肩の痛みもさほどありません。自分では悠々と座ることが出来たように思います。ただ公案が全く進みません。公案が進まないということは心境の深まりがないということになります。「これだけ悠々と座れるのになぜだろう」と、また自問しました。見性が出来ないのは自分の努力不足によるという簡単なことに気づくのに時間がかかったものです。最初は修行場所が悪いのだと環境のせいにしたことがあります。

このような都会に近い場所で座っているからダメなんだ、と寺院の存在場所に疑問を抱きました。深山幽谷に一人でじっくり坐禅をすれば必ず見性出来るはずだとも考えました。しかしそれは現実逃避でしかありません。ですから最後に否定せざるを得ませんでした。あるいは公案という見性に至る方法が自分には合っていないのではないかと今度は見性に対する方法論に疑いを持ちました。これも考えたあげくの果、最も懇切丁寧な方法であると納得したものです。またある時は師匠が私に合っていないのかも知れないと、こともあろうに「師を疑った」のです。しかしこれも考えれば考えるほど偉大な師匠でありました。ですからこの疑問も否定せざるを得ませんでした。後に残されたものはもう自分以外はないのです。

そこで気づいたことは、このようなすばらしい禅堂で、すばらしい師匠に恵まれ、すばらしい公案という方法で私を宗教的に練り上げてくださるとは、なんと有り難いことであろうかということでした。それに引き替え自分は……とやっとのことで自分の至らなさに目が向きました。なかなか自分の愚かさは考えることが出来ないものです。今考えますと愚かな中でも最も愚かな存在が自分であるのでしょう。しかしその時に私は仏典の言葉を思い出したのです。要するに仏道修行において疑ってはならないものが三つあると説かれているのに気づいたのです。

それは「法を疑うこと」「師を疑うこと」そして「自分を疑うこと」の三種です。この三疑こそは修行上の障害になるものだという言葉だったのです。「自分には見性出来ないはずはない」という強い信念を持って坐禅に励まねばならない……改めてそのように思い返してまた坐禅に精を出し、臘八の大接心を勤めあげました。しかし二年目も見性に至りませんでした。

そして三年目、同じように一年が過ぎました。そして四年目、五年目、六年目と「今年こそは……」「今年こそは…」という思いで臘八の大接心に出かけるのですがどうしても見性出来ません。気づいた時にはすでに坐禅を始めて七年が経過しておりました。私も大学院の院生であった頃から、すでに叡山学院の講師、そして龍谷大学の非常勤講師を勤めるようになっていたのです。

自力の限界を見せつけられる

毎年、大学の授業を担当する四月の最初の講義時に、受講生に対して理由を説明して

「十二月の一日から八日までの一週間だけは休講にしていただきたい」とお願いしたものです。七年目もそのように了解を取って臘八の大接心に参加しました。八日間の流れも熟知しており、坐禅による足や尻の痛さもあまりありません。最初の一、二日は普段の生活時間帯と少々のずれがありますから眠さは残りますが、坐禅そのものは悠々と座ることが出来ます。中日が過ぎる頃から坐禅をすることが楽しみとすら感じます。しかし依然として見性は出来ません。

ちょうど五日目の夕刻の坐禅中のことでありました。目は半眼といって外の景色が目に入らない

程度に明りを入れます。そして一メートル五十センチほど先に目を落とします。外の景色を見るとはなしに見ていることになります。その目の先は土間になっていて黒い敷き瓦が敷かれています。ある時、その黒い敷き瓦が映画のスクリーンのようになって画像を映し出したのです。私は一瞬坐禅をしながら夢を見ているのではないかと思ったほどです。しかし決して夢ではありません。意識ははっきりしているのがわかります。巡警（じゅんけい）で歩いている雲水（うんすい）もしっかりと認識出来ています。

あるいは妄想だろうかとも思いました。しかし普段の妄想とも全然異なります。頭の中はすっきりしているのです。しかしその画像は動きを伴って次から次へと姿を映し出していきます。これに執らわれてはいけないと必死でそれを否定するのですが、否定しきれなくその画像を見たのです。そうしますと、なんと自分の心の中の状況そのものだったのです。私自身の奥の奥の汚い心の状況が画像となって上映されている感じです。今考えてもあまりの驚きで、その時の一コマ一コマがどうしても思い出せないのですが、私の心の汚さがイヤと言うほどに見せつけられた思いだけは鮮明に残っています。「自分の心が画像になっている！」そう思わざるを得ませんでした。ほんの一瞬の出来事だったように思いますが、また永い時間であったようにも感じられます。画像を見ている最中に坐禅の終了を知らせる「キン（引磬）」が鳴り、思わず我に返りました。

次の坐禅一炷の間、その時に起こった画像の状況を追っていました。「あれは何だったのか」「やはり妄想だったのか……」。しかし、普段気づかないのですが厳然として存在する私自身の心の真の相であることは疑いもありません。私だけが一番それを良く知っています。画像を見れば私であることはすぐにわかります。その私の本心とでも言いましょうか、なんとも汚い心の姿を見せつけられた思いでした。

そして同時に、私には親鸞聖人の「悲歎述懐讃」の一句が思うとはなしに思い浮かんで来たのです。

悪性さらにやめがたし
　こころは蛇蝎のごとくなり
修善も雑毒なるゆゑに
　虚仮の行とぞなづけたる

（『註釈版聖典』六一七頁）

自分の心の中には蛇やサソリのような悪性煩悩が次から次に涌いています。いま私自身のそのありのままの姿を画像によって見せつけられたのです。ですから、ここでよくよく自己の悪性について考えてみなければならないと思いました。私にとっての坐禅は、煩悩欲望の渦巻く中での修善に過ぎません。ですからこれはまさに雑毒（煩悩の混じったもの）そのものでありましょう。聖人はこれを「虚仮の行」と名づけておられるのです。私自身、悪性を断つことを目的に如何に坐禅したとしても、またその煩悩を押さえ込もうとどのように努力したとしても、適うものでないことに納得出来たのです。

それは私にとって「虚仮の行」であったからです。それならば聖人が言われる「真実の行」とは何か。私には精神集中に努力するよりもむしろ、この「真実の行」を求めることが今最も必要ではないか、と思うようになったのです。

「妄想」とは精神集中を障げる心の乱れをいいます。坐禅中に、数息観以外のことを考えたり、公案以外のことを思ったりしますと「妄想をかくな」と怒鳴られます。上述の私の体験が妄想であったのかどうかはわかりませんが、私にとってあまりにもリアルな体験であったことは確かです。「自己の本性は何か」を問う体験であったと今もって有り難く思っています。自己の悪性を思い知らされた以上、自性清浄な心を求める精神集中をこの上も行おうとはどうしても思うことができません。ですから私はこのことがあって以降、精神集中を目的とした坐禅に通うことはありませんでした。この体験が私にとって自力行の限界を見せつけてくれたものだと思っています。

十、他力の教えのすばらしさに気づく

「学問と信仰」という公案

七年目の臘八の大接心の体験は私にとって大変ショッキングな内容でした。精神集中を目的として坐禅していた私にそれが適わないことを教え、自らの心の内を思い知らされた体験だったからです。上述した「五、自力道へのあこがれ」の項を思い起こしていただきたいのですが、その当時の私は他力の教えがどうしても納得いかず、自力の教えにあこがれを感じて、自力こそ自分に一番適った道であると信じてその道を歩いてきたのです。ところがどのように精進努力しても自力道の求めている精神集中の境地、即ち臨済禅が第一の到達点と目指している「見性」が出来ないと知った時、自分が惨めでありました。私は宗教心のない人間であると正直に思ったものでした。非常に落ち込みました。私の進む道は仏教を学問的に追究する以外に方法がないのかと残念に思いました。当然ながら禅寺には、もう足は向きません。老師や共に坐禅を組んでいた友人達と顔を合わせることもたまらなくイヤに思えました。イヤというよりも申し訳ない気持ちで一杯だったのです。それから一年間ほどは龍谷大学の仏教学の専任講師になったことも手伝って私は学問のみに打ち込みました。しかし学問を懸命に励めば励むほど「学問と信仰」という大きな壁にぶつかったのです。自力聖道門の研究をする以上は、自らの信仰も自力聖道門の道でなければならない、との信念で歩んできたからです。しかしその道を歩むことが適わないとわかった時、その学問自体が虚しく感じるようになったのです。

ある時、私は学問上の指導をお願いしておりました佐藤哲英先生にお尋ねしたことがあります。先生は天台学をご専門に研究する一方で本願寺の勧学職にもあられたお方ですので、「先生は天台学という自力聖道門のご研究をなされてご講義くださいますが、一方ではまた本願他力による真宗のご安心を得られていると講義の端々で知らされます。私には先生の学問と信仰がどうしても矛盾するように思いますが、如何ですか」と不躾な質問をしたのです。そうしますと先生は言下に「そのような矛盾は一切ありません」とだけ答えられたのです。そしてその理由に関しては何も語って下さいませんでした。たぶん「これは他人に話すことではなく、自分の学問に対する姿勢であると同時に、私自身の心の問題だよ。君自身もよく考えてみなさい」と言われようとしたのだと思います。そこで私は佐藤先生のこの言葉をどのように理解すればいいのか大変迷いました。なぜ矛盾しないのだろうか……「大きな公案」をいただいたような気がしたのです。

佐藤哲英先生の往生

昭和五十九年十月中旬のことです。その佐藤先生がご病気で入院されたという知らせをいただきました。先生は若い頃から大変病弱で大病をされたことがしばしばでした。

私が先生に師事してからも、京都で入院されながら安居に出講されて本講師を勤め上げられるということもあったほどですので、病に臥されたとお聞きしても、私にとって、それほど驚くことではありませんでした。ですから私は気楽な気持ちで先輩の福原隆善先生と二人して先生のお見舞に三重のご自坊近くの病院まで寄せていただいたのです。

そうしますと「二人とも、よく来てくれた」と申されてニコニコとしたお顔で面会に応じてくださいました。私には血色も良いように感じられ、すぐにでも退院されるように思えたほどです。ところが話が進みますと先生がベッドから起きあがられ、布団の上に正座なさるのです。そして「あなた方に頼みたいことがある」と真剣なお顔で申されたのです。私は一瞬何事かと戸惑いながら先生のお話を伺いました。「私は若いときから何度も大病を患ってきたが、いよいよ今回の病気は治る見込がないように思う」としみじみと申されるのです。それまでの先生の話しぶりからして「死を覚悟された」ご様子はまったく感じ取れませんでしたので、あまりにも急な先生のお言葉に私はどのように返事すれば良いものか窮しました。私は「はー」とあやふやに答えながらも、とにかく先生のお話を伺ったのです。それは実に驚くべき内容でした。

「私はもう少しでお浄土に寄せていただきます。そこで私が死ねば生前にご交誼いただいた方たちが香典を下さるでしょう。その香典のお返しにと思って『若き日の親鸞聖人』という一冊の本を執筆したのです。ここには私がなぜ天台教学を学ぶことになったかを含めて、私の生涯の思いを平易に綴っており、まさに私の絶筆に相応しい内容です。私がすべての校正を終えて出版してから後、皆さんに託したいと頑張ってきたのですが、病のためにこれ以上は出来なくなりました。ここに初校を終えた原稿がありますので、残りの校正をあなたにお願いしたいのです。そしてこの本を出版して私の満中陰にお世話になった皆さんに配布してくれませんか。頼みますよ」と申されるのです。

この驚くべき内容の依頼にどう応えさせていただけばいいのか私には言葉が見つかりませんでした。あまりにも突然な内容に私の方が狼狽えました。準備が良いというにはあまりにも準備が良すぎますが、それよりも何よりも私には「自らの死」を他人事(ひとごと)のように話される先生の気持ちを測ることが出来ませんでした。半分、冗談を言っておられるとしか受け止めることが出来なかったのです。

そこでとにかく「わかりました」とお答えして「そこまでご心配なされなくとも、もしそのようなことがあれば私たちは出来る限り努めさせていただきますので、どうかご安心してご養生下さい」というのが精一杯でした。そうしますと先生はベッドに横になられて、天井を見つめながらお念仏を称(とな)えておられたのです。私は何か狐にでもつままれたような思いでその場を辞そうとしますと「それではこれでおさらばです」と申されたのです。

病室を出ますと外ではご養子の佐藤則雄(さとうのりお)さんが待っていて下さいまして、主治医に会って欲しいと言われたのです。主治医はレントゲン写真を私達に見せながら「膵臓癌(すいぞうがん)の末期です」と話されました。「ご本人はご存じですか」とお聞きしますと「本人には話しておりません」と言われ、「余命は……」と聞きますと「長くて一週間かな」と答えられたのです。病室内での先生の会話を則雄さんにお話ししますと「養父はもう死を覚悟しています」と申されるのです。私は「えっ……」というなり言葉につまりました。「あの言葉を先生は本気で言っておられたのですか……」思わずそのように問い返しました。

京都への帰り道、私は自動車を運転しながら頭の中はパニック状態でした。「先生が一週間以内に亡くなられるなど、そんなことがあるはずはない」と自分に言い聞かせておりました。あの医者は診断を誤っている。あんなにお元気そうなお顔色じゃないか、今日まで何度も大病された先生が不死鳥のように甦られたのだから、今度もきっとお元気になられるに違いない。先生は冗談で絶筆だなどととぼけておられるんだ。そうでない限り、あのようにニコヤカなお顔で話をされるはずがない、と今日あったすべてを否定しようと頻りに努力しました。

……ところがちょうど一週間後の二十八日、佐藤則雄さんから夜中に電話をいただいたのです。「先ほど父が亡くなりました」と。

『若き日の親鸞聖人』という絶筆本のことも、あのようにニコヤカに話をされたことも、「これでおさばらです」と申されたことも、すべて先生は自らの死を覚悟されての言葉だったのです。ところが実に申し訳ないことでしたが、私にはどうしてもその言葉を先生の本心として受け止めることが出来なかったのです。「なぜ死を前にして、あのように淡々とした話が出来るのだろうか」。それが私には理解出来ませんでした。

実父の死

理解出来ないと言うのには理由があったのです。その数年前に私は実父の死に出会っていました。自分にとっての一番近い人の最初の死でした。その実父は大阪市内で開業医をしておりました。大学時代に肝臓の研究によって医学博士の学位を取得していたのですが、その父が自ら肝臓を癌に侵されて死んでいったのです。父の主治医は私の実兄でした。兄は父への癌の宣告を躊躇しました。かなり迷っておりましたが肝臓癌であることを最後まで知らせませんでした。父も薄々ながら気づいていたと思うのですが、あえてそれを否定するような言動をとっていました。今から思えば死が怖かったのでしょう。死ぬ一週間前に「わしの命も残り一年かなァー」と看病していた妹に語ったというのです。そして亡くなる前日に「一年持つかと思ったがそれも無理やなぁ。あと一カ月かなぁ」といったまま昏睡状態に陥っていきました。医者でありながらも自らの死期を知ることの難しさを思い知らされた気がしました。そしていかにもこの世に未練を残すように一粒の涙を流して息を引き取ったのです。

実父は生前たえず「儂は医者で、科学者だ！」と胸を張り、私達子供に科学万能を説く人でした。そして「科学者だからこそ仏の存在などは信じない。死ぬということは眠ることと同じだ」といい、科学者だからこそ無宗教者であるという変な理論を展開し、仏教を信じないことが科学者の条件のような話をするのが常でした。この実父の死を私は大変複雑な思いで見送ったものです。どんなに医者だと威張ってみても自分の病気すら知らずに死んでいったのです。その病気も自分が博士号まで取得して研究をした肝臓の病だったことも皮肉なことだと思いました。そして何よりも科学万能を主張しながら「自らの死」の前には弱い一個の人間でしかなかったのです。死を恐れ、医者でありながらも自らの死期も知らず、この世に未練を残して死んでいった実父だったのです。私にとって人の死とはこのようなものか……と教えられた近親者の初めての死でした。

この実父の死が私の脳裏から離れませんでした。ですから恩師佐藤哲英（さとうてつえい）先生の死も同様に考えていたのでしょう。ところが恩師の死に対する接し方は実父のそれとはまったく違ったものでした。ですから当然ながら戸惑ったのは事実です。私はこのあまりにもはげしい違いにどのように対処してよいのか正直いってわかりませんでした。ですから恩師の最期の言葉を真剣に受け止めることが出来ず、どこかに冗談としての要素を残して聞いていた自分がおりました。恩師には大変失礼な態度をとったものだと今もって申し訳なく思っております。

しかしこの二人の生死観に対する相違がその後の私に多くのことを教えてくれました。私は佐藤先生が亡くなられてから、病院で最後の面会をした時の先生の言葉を何度も何度も思い浮かべました。

①なぜ主治医が話さなかったのに自らの死期を知っておられたのか
②なぜ自らの死を恐れることなくニコニコとして受け止めることが出来たのか
③香典返しの本という死を超越した絶筆本をどうして書くことが出来たのか

等々。考えれば切りがないほどに疑問が次から次へと湧いてきました。そしてどのような方向の疑問点から追求していっても否応(いやおう)なく「お念仏」に行き当たったのです。先生が病室で天井を見つめながら一人で、誰に言うともなくお念仏を称えておられたお姿が、私には脳裏に焼き付いております。

お念仏の有り難さ

この恩師の死をきっかけとしまして、私の心の中に大きな変化が起り出しました。それまでは他力(たりき)と聞くだけで自分には納得できない教えだとしてこれを否定し、極楽や阿弥陀如来の存在に至ってはすべて疑問に覆われていたのですが、「それは違うな！」と思えるようになったのです。恩師のお姿を拝見して「お念仏には力がある」と実感出来るようになったのです。お念仏にこそ生死(しょうじ)を超える世界がある……。そのように感じられました。

先生の絶筆の書『若き日の親鸞聖人』を拝読しますと、親鸞聖人を慕うあまりに先生は天台教学を志したとあります。先生にとって天台を学ぶことの出発点は親鸞聖人にあったのです。その先生の研究動機は理解出来るのですが、私自身、やはり天台教学という自力の学問と、お念仏という他力の信仰との矛盾はその後もなかなか解消出来ませんでした。

しかし、私にとって坐禅での行き詰まりに加えて佐藤先生のご往生のお姿が相まって、他力の教えを真剣に学びたいと思うようになりました。そして学べば学ぶほど真宗の教えが、それまでとは異なって抵抗無く私の心の中に入ってきたのです。これは私には驚くべきことでした。すべてが納得出来るのです。真宗の教えを納得することが出来始めますと、つい真宗以外の仏教と対比します。特に私の場合は天台教学の成仏思想と比べて真宗を見ることになります。そこで始めて気づいたのです。「あぁ、なんと真宗は有り難い教えだなぁ……」と。

単なる学問として両者を比較していた時にはわからなかったことが、真宗の信仰を土台として自力の世界を眺めた時、他力の有り難さがヒシヒシと伝わって来るのです。佐藤先生が「私にとって学問と信仰は決して矛盾しない」と申された意味がここに来て初めてわかりました。自力聖道門を研究することは真宗の教えの有り難さを知るためだったのです。今になってやっと「そうだったのか」と思えるようになりました。

そしてこの時点で実父を振り返ったとき、私には実父もまた私の善知識であったなァとしみじみと感じられるようになりました。

十一、重ねて他力の教えに目覚める

多くの先生方に見守られて

佐藤哲英先生のご往生の様子を拝見して、私の坐禅での体験とあいまって、とにかく他力の教えを疑問視するのではなく、その教えを少しずつ受け止めようとする気持が起こってきました。これは私にとって大きな心の変化でした。そして自力の教えを讃歎する心を捨てて、冷静に自分の周りを見回してみると、佐藤先生以外にもお念仏を喜んでおられる先生方がたくさんおられることにやっと気づいたのです。それらの方々のお陰で、自力に奔っていた時には見出せなかったお念仏の世界に気づかせていただきました。お念仏者の後姿を拝見させていただいて、私には新たな感動がありました。しかもそのお念仏者の方々は、実は私に大変近い存在の先生方だったのです。迂闊にもそれに今まで気づかなかったのです。

その先生方とは、佐藤哲英先生を始めとしまして、土橋秀高先生であり、山崎慶輝先生でした。土橋秀高先生は戒律学のご専門家で、私の大学院時代のゼミ担当教授でした。そして山崎慶輝先生は唯識学のご専門家で、私の学部のゼミ担当教授でした。特に私は専任講師になるまでこの山崎研究室で育てていただいたのです。これら三人の先生方は共に仏教学専攻の先生方で真宗の教義に関してはほとんど話されることがありませんでした。龍谷大学には「真宗学専攻があるんだから、真宗の教義に関しては真宗学の先生方にお聞きしなさい」と申されて、自らはご専門の仏教学の教学的指導をして下さるばかりでした。ですから表面上からはどのような信仰を持っておられるのか分らなかったのです。しかし佐藤先生同様に内実には、深くお念仏を喜ばれる先生方でした。

また真宗学専攻の教授で村上速水先生も私には忘れることの出来ないお方でした。学問的には大学院時代に特殊研究の講義を受講して大変感銘を受けた先生でしたが、それ以上にご病気をなされてからの後姿に「お念仏の喜び」を教えていただいた恩師でした。

そこでこれらの先生方の中で、特に土橋秀高先生の後姿を見つめさせていただいて、私が他力の教えに目覚めていった思いを語らせていただきたいと思います。

土橋秀高先生の後半生

①定年前に大学を退職

今思い返しますと、土橋秀高先生は私が龍谷大学を受験した時の面接教授だったことが大変印象的でした。そして入学後は「仏教学」の授業を教わり、四回生の卒業論文では副審としての口述試問も受けました。そのような因縁で大学院修士課程に入ってからは指導教授として先生のゼミに入れていただいて薫陶を受けたのです。修士論文もそろそろ完成する二回生の終わり頃のことでした。突然に先生が大学を依願退職すると言い出されたのです。その時、先生は六十歳でした。当時の龍谷大学の定年は六十五歳でしたので、五年も残して辞めることになります。理由をお聞きしましても「あまりにも自分勝手な事由なので聞かないで欲しい」と申されるだけで一切語ろうとして下さらないのです。私は出来れば博士課程に入り、やはり土橋先生にご指導をお願いしたいという気持を持っておりましたので、友人と二人して京都の山科にある真光寺という先生のご自坊を訪ね、その理由を聞きにいったのです。そうしますと先生はやっと重い口を開いて下さいました。

「実は、私には一人息子がいる。その子供は今、京都大学の大学院に在籍しているが、現在は文部省の助成によってインドに留学している。ところが来年三月にはその期限も終って日本に帰ってくるが、それを機会に東京にある東海大学の助教授として迎えられることが最近になって決まった。これは喜ばしいことだが、よく考えれば親子揃って大学の教員ということになって、この自坊を護ることが出来なくなってしまう。これは住職として門徒さん達に申し訳が立たない。そこで、歳いった私の方が大学を辞め、研究は若い子供に任せて、私は阿弥陀さまのお給仕をさせていただこうと決心したのだよ」としみじみと申されたのです。私たちは先生の翻意を促すために訪ねたのですが、かえって、先生の子供を思われる親の心情がひしひしと伝わってきて、大学に留まって欲しいとお願いすることが出来なかったのです。そこで先生は昭和四十九年三月をもって龍谷大学を退職されました。

②奥様との死別

大学を辞められますとどうしても先生とは疎遠になってしまいます。「どうされておられるのかなぁ」と気にかかりながらもお伺いすることもなくなりました。そのような昭和五十二年一月のことです。突然に奥様が亡くなられたのです。私もお葬式に参列させていただきましたが、大変寂しそうなご様子をなされながらも「これも世のめぐり合せだからやむを得ない」と話しておられたのが印象的でした。

③本堂と庫裏の全焼

そして、また先生とは疎遠になっておりました。ちょうど一年あまりが経った昭和五十三年六月のことです。京都新聞の朝刊を見て驚きました。写真入りで先生のご自坊、真光寺の本堂と庫裏が全焼したと報じられていたのです。私は朝ごはんも食べずに、すぐさま先生のお寺へ駆けつけました。そうしますと、本堂と庫裏がすべて焼け落ちて、全くその姿を留めておりません。その焼跡に、頭と両腕を包帯で巻いた痛々しい姿の先生が呆然と立っておられたのです。「先生！」と後から声をかけますと私の方を振り向かれて「淺田君か、よく来てくれたなぁ。見てくれた通りだ、大変なことをしてしまったわ」とうなだれて申されたのです。

理由をお尋ねしますと、お一人暮しですから寺務が終わりますと、その後は自由にされていたようです。本堂で夕方のお勤めを終えられた後、書斎に籠ってご自分の研究に没頭されていたといいます。ところがどうも「お夕事」の折のローソクの火を消すのを忘れられたそうです。その火が倒れたのでしょうか、道行く人の「寺が火事だぞ！」という声で思わず吾に返って書斎を出てみると、廊下はすでに一面火の海だったといいます。早く消さねばならないという思いだけが先行して、とにかく消火器のある所へ走っていかれたのですが、その途中、すでに燃えた梁が上から落ちてきて額を怪我されたそうです。それをもまだ払いのけて、やっとの思いで消火器を掴んだそうですが、すでに消火器そのものが熱くなっていて、両手に火傷を負われたといいます。結局、何一つとして持ち出せずに、本堂と庫裏が全て燃えてしまったと言われました。ご本尊すら持ち出す時間がなかったと沈痛な表情で話されたのです。

お寺の前に住んでおられるお婆さんが詠まれたという歌に、

お寺が火事やの　声を聞き
表に出れば　見る見るうちに

黒煙もうもう　天をこがせり

があります。まさに火の回りの速さを詠んでおられるのが分ります。また、先生のお歌には、

み仏の　はからいたもう　ところなり
慈雨しきり　近所の類焼　まぬがれぬ

もあります。本堂と庫裏は柱ひとつ残らない程の全焼でしたが、先生の一番心配された類焼は免れました。

④学者としての姿

少し落ち着いてから、憔悴しきった姿の先生が私に次のように話されました。

「僕が今まで研究してきた論文の原稿も全部燃えてしまった。何ひとつ残らなかった。しかし、自分がいずれ『戒律の研究』として出版したいと思って預けている原稿が出版社の永田文昌堂にある。今となってはそれだけが私の研究の証になってしまった。だから早く出版してくれるように今から行って頼んでくれないか」と申されたのです。

焼跡の中で、しかも額と両手に火傷を負っておられるその中で申されるこの言葉に、私は学問に命を懸けた学者の尊い姿を見る思いがして、思わず頭が下がりました。先生の依頼を受けて出版社に頼みに行きますと、永田文昌堂はそれを察知してくれまして早速に原稿を組み版に回してくれました。有難いことでした。

⑤本堂庫裏再建へ

ところで、住職の失火が原因で本堂と庫裏を焼失したとなりますと、復興を望むのが難しい状況が常ですが、大学を辞めてまでお寺に帰ってきて下さったご住職さんだから……という思いが、ご門徒さんの中に盛り上がりまして、火災のあくる日に「真光寺本堂庫裏再建委員会」が結成されました。再建中、先生はお寺の門前の小さな一間を借りて、不自由な生活を余儀なくされておられましたが、見事に二年後の昭和五十五年四月には本堂と庫裏が復興できました。しかも、念願の『戒律の研究』もほぼ時を同じくして五月に出版されたのです。

先生もほっとされた表情で「ああ、これでやれやれだぁ」と申され、やっと笑顔が戻ってきました。このときに詠われた先ほどのおばあさんの歌があります。

悲し涙　かわかぬうちに　この早わざ
見上げる御堂は　いまここに建つ

私も先生に申し上げました。「これで先生も、ゆっくりと余生を送られるだけで良いですね」。そうしますと先生も「うん。うん……」といって頷いておられたのです。

⑥子供さんとの突然の別離

しかし、先生の災難はまだまだ続きます。本堂再建からちょうど一年ほどが経った昭和五十六年四月のことです。東京の大学で助教授をされているご子息との音信が突然途絶えてしまったのです。下宿へ電話をしても出られず、大学へ出ておられる様子もないというのです。先方からも電話はかかって来ません。もちろんご子息も結婚されて、幼い子供さんもおられるのですが、本堂再建のためにご子息の奥さんが二人のお子さんを連れて山科に帰っておられ、先生と一緒に復興に尽力されていたのです。ですから、ご子息は東京で単身下宿をされながら大学へ通っておられたのです。

一週間しても連絡が取れないものですから、東京の下宿へ様子を見に行かれました。

そうしますと、下宿の部屋の中から鍵がかかっていたそうです。無理やり開けて中に入りますと、ご子息は電気炬燵に入ったまま、自ら亡くなっておられたといいます。炬燵の上には一枚の遺書があって「自分が勝手に死を選ぶのだから葬式は出さないでほしい」という意味のことだけが書かれてあったと聞きます。なぜ自ら死を選んだのか、その理由にはまったく触れられていなかったようです。

亡くなって一週間余りも経っていましたので部屋の中は死臭で満ち、部屋にあった書物などは全て焼却処分にされました。しかし先生はご子息の思い出になるものを一つだけでも残して欲しいと求められたようです。そこでたえずご子息が身につけておられた腕時計だけが残されたと聞きました。

遺言とはいえ、お葬式を出さないわけにはいきません。いったん、東京で茶毘に付して、京都の真新しい自坊の本堂に遺骨として帰ってこられました。そこでお葬式をされたのです。

私もその葬儀に参列させていただきましたが、その式上、先生は幼稚園にも行かない、幼い二人のお孫さんと共に会葬の皆さんに挨拶をされたのです。

「この二人が大きくなってお寺を継いでくれるまでは、私は老骨に鞭を打ってでもこの寺を護り抜きます」と話されました。参列者の多くは三人をじっと見つめながら涙されておりました。

私はそのお姿を拝見して、さぞ先生は無念で一杯だろうと思いました。自分の学問をなげうってまでもご子息の将来に託されて自らの教授職を辞されたのです。それほどに期待されたご子息が、どのような理由があったのかは知りませんが、自らの手でその命を絶たれたのです。先生としてはこの無念な思いを誰にぶつければ良いのか……さぞ悔しいだろうなと思わずにおれませんでした。

先生のご生涯にとって、ご子息が先に逝かれたことが何事にも増して辛かったようです。先生は後年『雲わき雲光る』という随筆集を出版されましたが、その中にその折の先生の寂しさがひしひしと伝わってくる歌が載せられてあります。

春浅し　部屋のすみより　せまりくる
　寂しさの中に　吾が子の　声あり

この歌に出会って、私はその時の先生のお気持が胸を引き裂かれんばかりであったように感じたのです。これ以外にも、次のような数首があります。夏に詠まれた歌でしょうか。

無字（むじ）の経　いつまで誦る（あげる）　蟬和尚（せみ）
　その抑揚（よくよう）に　我が子を　しのぶ

また、秋の歌でしょうか。

堂焼けて　子のゆきしあと
庭一面　すだく虫の音
何を語らい　何をうたうか

春は春で、夏は夏で、そして秋は秋で、それぞれにわが子を偲ばれた様子がありありと分ります。

⑦お孫さんとの別れ

ご子息が去られてからまた一年が経った時のことです。一周忌法要が終わった翌日、ご子息のお嫁さんと二人のお孫さんは、真光寺を去られて実家に帰られたのです。

おさな子二人　いつかふるさとに　かえりきて
昔のおもかげ　いずこにか　もとめん

なおもお孫さんに心を寄せられる先生の歌です。ご子息のお葬式で「老骨に鞭打ってでも、孫たちが成長するまではこの寺を護り抜きます」と挨拶されたそのお孫さんが先生の元から去っていったのですから、先生にとってご子息が自死されたのと同じように辛く悲しい出来事だったと思います。

⑧先生のご心境

先生がまったくお一人で生活をされるようになったある夜、私は先生のご自坊を訪ねました。先生を慰めようと思って行ったのですが、私の方が声になりません。むしろ先生の方がサバサバとされていました。話も沈みがちになりますので、私一人で本堂にお

参りさせていただきました。そうしますとご本尊の前に先生の書体で色紙が一枚供（そな）えられてありました。そこには、

両親（おや）おくり　妻さきにゆき　子のいそぐ
あかねの雲は　美しき哉

と書かれてあったのです。私はこの歌に出会って本当に驚きました。この下の句は先生のどのようなご心境から出たのだろうかと不思議にすら思えたからです。

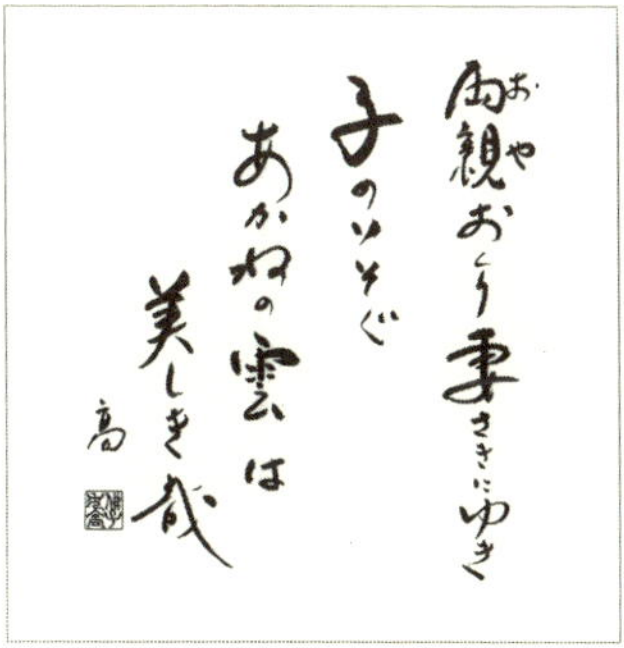

土橋先生の筆になる色紙

十二、土橋秀高先生とお念仏

土橋先生の後姿

私は土橋秀高先生の後半生の後姿を見つめさせていただいて、先生のお念仏に生かされるお姿に感動いたしました。

ご子息に研究の機会を譲るために定年まで五年も残して龍谷大学を退職された先生でしたが、その後、奥様が亡くなられ、その上、ご自坊の本堂と庫裏が焼失し、再建なったかと思った矢先、今度はそのご子息が自ら命を絶たれたのです。親としてこれ以上の悲しみはありません。さらにご子息の奥様とともにお孫さんも先生の元を去られました。先生のお気持ちは察するに余りあります。先生はご子息が残されたたった一つの腕時計を絶えず身につけておられました。

その腕時計を見つめながら詠まれた歌があります。

逝きしあと　なおもうごける　この時計
永きいのちの　尊さをおもう

子供さんはもうこの世には存在しない。しかし彼が使用していた腕時計は今も時を刻んでいる……そこから子供さんがお浄土で永遠の命をいただいておられることを、この時計が自分に語ってくれていると思われたのでしょう。その尊さを詠まれたものです。

ところで、私が土橋先生のお姿を拝見していて、納得出来ないことが二つありました。一つは「祈り」の問題です。そしてもう一つは色紙に書かれていた「あかねの雲は美しき哉」という下の句の問題です。しかしこれら二つの疑問は先生の随筆集『雲わき雲光る』（永田文昌堂刊）の本の中に解答を見つけだすことが出来たのです。

「祈り」の問題

私が先生の立場だったら……と考えますと、私にはどうしても「祈りのお念仏」を称えてしまうように思えるのです。先生の晩年を思いますと、奥様のご往生、続く本堂の焼失から始まり、お孫さんとの別離に至るまで、毎年といってよいほど次から次へと大きな災難が襲ってきました。そのような中で先生は仏様に「祈ろう」という気持を懐かれなかったのかということが、私にとって大きな疑問点だったのです。もし私だったら思わず仏に「助けて欲しい」という気持で一心に「仏に祈った」だろうと考えます。「真宗は祈りのお念仏ではない」と絶えず聞くところですが、先生のような場合は、それが解っていながらも祈らずにおれないのではないかと私には思えました。後ろから先生のお姿を拝見していても、思う以上に先生のご苦労には大変なものがありました。

ところが『雲わき雲光る』を拝見しますと、そこには「祈り」と題して二首の歌が添えられているのです。

○祈りたき　心のおこる　寒空に
　よもすがら　立ちたもう　姿尊し
○願かけて　祈る心に　先だちて
　よりそうみ親　あるをおもわず

私はこの二首の歌に接して、やはり先生も「祈りたい」という気持を持たれたのだということを知りました。そして「やはり先生も凡夫（ぼんぶ）であられたのだなぁ」と思い、なぜか私の気持が安らいだのを覚えています。しかし、そのような心を懐きながらも「祈る」ことが御仏（みほとけ）の御心に適（かな）っていない事に気づかれたところに先生の素晴らしさがあったと思います。特に二首目の歌にそれがはっきりと表れています。

先生も苦しくって苦しくってたまらない時に、御仏に「祈りたい」気持で阿弥陀様の前に来られたのでしょう。そして「祈ろう」と思われた瞬間にハッと気づかれたのです。心の苦しみを阿弥陀様に訴えて私が「祈る」以前に、阿弥陀様の方が先に私の心の苦しみを見抜いて、たえず私の傍(かたわ)らにおって下さることにどうして気づかなかったのであろうか、愚かであったなぁ……という自省の歌が第二首ではないでしょうか。

そのことに気づいた時、寒空に夜もすがら立ちたもう如来様の姿が大変尊く感じられた、という第一首の歌が身に沁むように思えます。

「あかねの雲は美しき哉」の問題

前に紹介しました先生の色紙に認(したた)められていた歌です。

両親おくり　妻さきにゆき　子のいそぐ
あかねの雲は　美しき哉

両親も奥様も、そしてご子息までもが先に逝かれたという上の句は現実の描写です。問題は「下の句」でしょう。この「下の句」にこそ先生の心境が詠われています。しかし、私はこの色紙を拝見した時には残念ながら先生の深いお心を読み取ることが出来ませんでした。ただ「皆が先に逝っている西方のお浄土の世界は、なんと素晴らしい世界なのだろうか。あかねの雲がそれを教えてくれている」という程度の意味にしか理解できませんでした。

しかしそれにしても、なぜこのような清々しい歌が作れるのだろうかと不思議に思えました。先生を存じ上げている方たちは「先生ほど不幸な方はない」と口をそろえて噂しあったものです。「先生ほど人生の辛酸をなめ尽くされたお方はおられない、お気の毒で仕方がない」という言葉も漏れ聞きました。それにもかかわらず先生はこのような「下の句」を作られたのですから、私は大きな驚きでもってこの歌を拝見したものです。

もしも私が先生の立場に置かれたとしますと、正直、「下の句」をどのように表現するだろうかと考えた事がありますす。そうしますと「皆はなぜ私より先に死んでいったのか」「どうして私一人を残して逝ってしまったのか」と先に逝った人たちへの恨みつらみや愚痴の言葉以外にはどうしても

今からは孤独ぞ　我は秋空にぽっかりと浮かぶ　一ひらの雲

思い浮かばなかったのです。それが愚痴だと解ってていてもそれを言わざるを得ないのが凡夫ではないかと、変に開き直りました。ですから大変不遜なことかもしれませんが私には次のような「下の句」が思い当たったのです。

両親おくり　妻さきにゆき　子のいそぐ
　娑婆の世界に　我ひとり　のこして

これが正直な私の心境でした。ところが、先生はただ「あかねの雲は美しき哉」と淡々と詠まれています。太陽が西に沈んだ後に雲が茜色に輝くことでもって、懐かしい家族のみんなが集っている、あの西方浄土の世界を懐かしまれているんじゃないかな、と思えたものでした。

一切の障害物に障害がない

しかしこの解釈は大変に浅い理解でしかないことが後になってわかったのです。それも『雲わき雲光る』という随筆集を何度も何度も拝読している内にやっと気づいたのです。この本の中で先生は『讃阿弥陀仏偈和讃』の「光雲無碍如虚空」という一文を二度にわたって引用されています。それは、

光雲無碍如虚空
　一切の有碍にさはりなし
光沢かぶらぬものぞなき
難思議を帰命せよ

（『註釈版聖典』五五七頁）

というご和讃の冒頭箇所です。しかも、親鸞聖人はこの部分について「ひかりぐも（光雲）のごとくして　さはりなき（無礙）こと　こくう（虚空）のごとし」と註釈をつけておられます。

私はここで初めて大変矛盾した内容のご和讃だということに気づきました。「一切の有礙」とは「あらゆる障害」という意味です。その「一切の有礙」に「さわりない」というのですから「あらゆる障害物に障害がない」という意味になってしまいます。ですから矛盾した内容と言わざるを得ません。しかしこの矛盾が阿弥陀如来のお慈悲に照らされた時には決して矛盾ではなくなるのです。それがこのご和讃の趣旨だと思います。土橋先生は『雲わき雲光る』で次のように述べられています。

悩みの雲はつぎつぎと湧いて絶えることはない。その雲が光とかがやいて、黒い雲がそのまま大空に光り、さわりなく自由自在に流れてゆき、きわまるところがない悩みや障害の雲は次から次へと湧いてくる。その雲が阿弥陀如来のお慈悲に照らされれば光り輝く「光雲」になるのです。……そうなのです。この「光雲」こそが「あかねの雲」だったのです。私はやっとそれに気づきました。「ご両親が亡くなられたこと」も「奥様が亡くなられたこと」も、そして「お子様が自ら命を絶たれたこと」も、先生にとっては大きな障害であって、大きな悩みだったのです。しかしその悩みの黒雲が、いったん阿弥陀如来のお慈悲に照らし出されますと「光雲」の「あかねの雲」に変えていただくことが出来るのです。黒雲の時は太陽の光を遮る障害物ですが、ひとたび「あかねの雲」になりますと、その障害物の黒雲が太陽のように光り輝きますから、障害物が障害物でなくなります。そうしますと、なにものにも遮られることのない「虚空」のように、自由自在で窮まるところがありません。土橋先生はこの光雲を「あかねの雲」という表現を用いて語ろうとされたのだと思いました。

「黒雲」の大切さ

そして大切なことは何よりも黒雲がなければ、それが光雲（こううん）には変化しないということです。いいかえますと人生における障害物があるからこそ、それがお慈悲に照らし出され、お慈悲の有難さが分るということなのです。

つまり先生は、ご両親や奥様やご子息が亡くなられたことなどの人生の障害を、いったんは「黒雲」と受け止めながらも、その「黒雲」があったればこそ、阿弥陀如来様のお慈悲に触れさせていただくことができたという意味に理解されたのだと思います。

私には先に逝（い）った人に対する怨（うら）みやつらみの言葉しか出てこなかったのですが、それはお念仏を度外視していたからだったのです。昔のお同行（どうぎょう）は人生に災難が降りかかった時「如来様の督促（とくそく）」として受け止めて、自己のお念仏を喜ぶ味わいの浅さを振り返ったものですが、私にはまったくそれがありませんでした。ですから「娑婆の世界に我ひとりのこして」というような意味の「下の句」しか出てこなかったのです。
しかし土橋（つちはし）先生は違いました。毎年のように降りかかる災難を、御仏（みほとけ）から与えられたご縁として真摯（しんし）に受け止められたのです。ですから「黒雲」が「光雲」として輝いたのです。それが「あかねの雲は美しき哉（かな）」という下の句として表現されたのでしょう。

悲喜ともに慈恩なり

先生がご往生なされた後に、次のようなもう一枚の色紙が見つかりました。

南無
悔恨不帰歳

憂悩不測年
悲喜倶慈恩

「南無したてまつる。悔恨すれども歳帰らず。憂悩すれども年測らず。悲喜ともに慈恩なり」と私は読ませていただきました。最初に書かれている「南無」とは「すべて御仏にお任せいたします」ということでしょう。その意味を漢文に述べておられるのです。「悔恨不帰歳」は「どんなに悔やんでも過ぎ去った年月はもう帰ってこない」という意味だと思います。先生が自らの失火で本堂と庫裏を烏有に帰された時、本当に悔恨されたことだと思います。しかしどんなに悔やんでも恨んでもそれはもう帰ってこなかったのです。

また「憂悩不測年」とは「どんなに悩んでもこれから先はどのようになるのか測り知れない」ということです。ご子息が逝かれたとき、あるいはお孫さんがお寺を去られた時などは、先生はどんなに悩まれたことか知れません。先生がまったくお一人になられ、お寺の将来はどうなるのかと憂えられたことでしょう。それでも将来を測り知ることが出来ませんでした。ですから「よくよく考えてみれば、人生における悲しい出来事も、嬉しい出来事も、みなすべてが如来様のお慈悲の中の出来事だったということがわかりました」という意味が最後の「悲喜倶慈恩」だと思います。要するにこれが「南無」なのです。私たちの人生のすべてが御仏の御心のままであるならば、御仏にお任せさせていただく以外にありません。それが「南無」だと私は理解させていただきました。

黒雲変じて光雲になる（法味愛楽の世界）

私はこの言葉の中に、人生の辛酸をなめ尽された先生だからこそ味わうことの出来るお念仏の深い味わいを感じます。特に「悲喜（ひき）ともに慈恩（じおん）」という言葉に感激します。私たちは「喜び」を「お慈悲のお陰」と思うことができますが、人生の「苦しみ」や「悲しみ」を「お慈悲のお陰」と味わうことはまずもってできません。それが出来る方は、本当に人生の苦しみを知って、それと真剣に立ち向かい、自分の人生を阿弥陀如来にお任せし切ることが出来た方であり、そうした方のみが味わうことのできる法味愛楽（ほうみあいぎょう）の世界が、黒雲を光雲と受け止めることの出来る世界だと思えるのです。だからこそ土橋（つちはし）先生には「あかねの雲は美しき哉（かな）」という心境が吐露できたのでしょう。

『雲わき雲光る』の最後に、

今はただ　何思う　すべもなし
恩愛（おんない）の　きずなを絶ちて　念仏申さん

と詠っておられます。先生の辞世の句ではないかとさえ思われるほどの内容です。先生には数々の「恩愛の絆」がありました。夫と妻・親と子・祖父と孫などなど。お念仏の世界に身を寄せれば、これら恩愛の感情を考える必要すら無くなってしまう、とでも言おうとされた歌でしょうか。お念仏の世界には恩愛の絆もすでに必要ではないのです。ただ「お念仏」の世界を味わいましょう、という意味でしょう。

私には、この歌に「南無」の世界に身を託され切った先生のお姿を見る思いがするのです。

生活の中のお念仏

このように、私は土橋秀高先生から多くのことを教えていただきました。私がお念仏に対して抱いていた気持ちが、如何にいい加減であったかを思い知らされた気がします。そしてお念仏の有難さと同時に、お念仏の凄さ、力強さを見せつけていただきました。学問の上からは到底窺い知ることの出来ないお念仏の世界を垣間見ることが出来ました。天台教学が目指している理想郷とは違います。現実の生き様がそこにあります。禅宗のように只管打坐、苦練苦修を必要とせず、実生活の中に誰もが救われる道があるのです。

　このように考えますと、お念仏の教えは何と素晴らしい教えだろうかと思わずにはおれません。佐藤哲英先生はじめ土橋秀高先生のお姿から、私はそれにやっと気づかせていただいたのです。

十三、他力の教えに納得しながらも……

　このように土橋秀高先生のお念仏者としてのお姿は私に大きな感動を与えてくれました。そして「お念仏」のありがたさや素晴らしさを実感させて下さいました。その先生が往生されたのが平成元年九月のことでした。

　ところで最初部分に書いた内容を覚えてくださっているでしょうか。そこには私の友人の突然死の内容に触れまして「宗教的つり革」の話をしました。その友人の死が土橋先生のご往生から六カ月先だったのです。私はその時「私にとっての宗教的つり革」こそ土橋先生が身をもって示してくださった「お念仏」であるとありがたく受け止めたものです。しかし本当にお念仏を喜ぶということはそう簡単ではないことを否応なく知らされる出来事が起りました。

　それは、私の実母が臨終を迎える直前のことだったのです。

一筆啓上母上様

平成八年、新横浜へ出張した時のことでした。駅近くの書店で、福井県丸岡町が主催した手紙のコンテストをまとめた『日本一短い母への手紙　一筆啓上』（大巧社）という本をなにげなく求めたのです。新幹線の中で読んでいると目頭が熱くなって自然と涙が出て止りませんでした。

「一筆啓上賞」を受賞した五十一歳の男性の作品で、

お母さん、雪の降る夜に私を生んで下さってありがとう。もうすぐ雪ですね。

が載せられていました。なんとすばらしい母への思いでありましょう。私は感激をもってこの手紙を味わいました。

私には二人の母がいました。一人は実母でもう一人は養母です。その養母はすでに亡く、実母も八十歳を越えて病床にありました。二人の父もすでにこの世の人ではありません。この実母がただ一人残っている私の親だったのです。二週間に一度程度は見舞に行っていたのですが、このときは感激のあまりすぐに母に会いたいと思い、私は自宅のある京都で新幹線を降りず、母の入院している大阪へと向かいました。

あと十分で着きます。手紙よりさきにつくと思います。あとで読んで笑って下さい。

これも「一筆啓上賞」に輝いた若者の手紙でしたが、それと同じ心境で病院へ急ぎました。

「死が怖い」という実母の言葉

病院に着いた時には、すでに夜の九時を回っていました。いつも看病をしている妹はお風呂にでも行ったのでしょうか、薄暗い病室で母ひとりが眠っていました。驚いたような様子で私に気づいて「今頃どうしたん?」と弱々しい声で尋ねました。私は「うん」と言うだけでそれ以上は何も応(こた)えませんでした。しばらく二人は静かな時が流れるように無言でした。私が窓辺から大阪市内の夜景を眺めておりますと、突然後ろから母が声をかけるのです。「正博(まさひろ)! この頃、私は死が怖いと思うときがあるねん……」と言うのです。「どうしたらいいんやろうな」とも言いました。私はその言葉を聴いて「ドキッ」としました。「母がこのようなことを言うとは……」と一瞬自分の耳を疑ったからです。

実母は真宗の信徒ではありませんが、私の幼いときから一般に信心深い人として評判でした。しかしその「信心深い」というのはいわゆる俗信のそれだったのです。実父が開業医だったものですから、病院を増設する時などは「拝み屋さん」に伺いをたてに行っておりました。自宅は浄土宗の檀家でしたが毎日朝夕には『観音経』を読誦しておりました。大阪市内に居住しておりましたので、彼岸会・盂蘭盆会には四天王寺への参詣も欠かしたことがありません。私が五歳の時にお寺へ養子に入ったものですから、小学生の頃は無信仰者の実父に比して、そのような信心深い実母が嬉しくもあり、又ありがたくも思ったものでした。しかし、長じて仏教が幾分か理解できるようになったころから実母の信仰そのものに疑問を持つようになりました。しかし信仰の問題で母と議論しあったことは一度もありません。母には母の信仰があるし、それによって母は救われているのであればそれで良い、と割り切っていたからです。その母が私と二人きりになった時に「死が怖い」と言ったのです。その言葉を聴いて私が「ドキッ」としたのは、むしろ「なぜ?」という思いの方が強かったからです。

あのように様々に信仰をしてきた母じゃないか、自分の信じる「拝み屋さん」がおり、その人の法話を食い入るように聞き、その人の言われるままに何事も信じて行ってきた母じゃないか……と、そのように考えますと、口まで出かけていた「ただお念仏を称えればいいんだよ」という言葉がどうしても私の口をついて出てこないのです。私の頭の中はパニック状態でした。「どう応えればいいんだろう……」「しかし母は僕に答えを求めている……」焦れば焦るほど纏まりません。『観音経』を絶えず読誦していた母は「観音菩薩の信者」だから、「南無阿弥陀仏」というお念仏を勧めれば、この期に及んで混乱を起すのではないか……そのようなことまで考えました。しかしどのように考えても私には答えが出てこないのです。迷いに迷い、焦りに焦りました。……その時でした。妹が風呂から帰ってきたのです。母は「幸ちゃん、帰ってきたの」そういって普段の会話に戻りました。私は気が抜けるようにホッとしました。

実母に説けなかった「お念仏」

母と二人きりの時間はわずかだったと思うのですが、私には大変長い時間のように感じました。自宅に帰っても私は母への答えを探し続けました。しかし、それを見出せないまま数週間後に母は往生の素懐(そかい)を遂げたのです。

母が亡くなったことを知らされたのは私が北海道へ出張している最中でした。札幌のホテルで私は大変に落ち込みました。そして後悔しました。「なぜ、一言でいいから、阿弥陀さんがおってくださるよ」と母に言えなかったのか。「なぜ、お念仏を一緒に称えよう」と言えなかったのか。「なぜ、私は母の前では貝のように口を開かなかったのか」……それを真剣に考えますと、行き着くところはどこも同じでした。佐藤哲英(さとうてつえい)先生や土橋秀高(つちはししゅうこう)先生の後姿を拝見して、他力のお念仏のありがたさを感じながらも、結局、私自身他力の教えそのものが身に付いていなかったのだなぁという思いに至ったのです。

このように言えば母は混乱をきたすだろうかとか、母には母の信仰があるのだから、というようなことは理屈に過ぎません。それまでの母の信仰がどうであろうとも、この世を去ろうとしている母が、私に「どうすればいいのだろうか」と尋ねている以上、私は迷わずお念仏を説けばよかったのです。そして二人して共にお念仏を称えさせていただくだけで良かったのです。ところが私にはそれが出来なかったのです。

母にお念仏が説けなかったということは、どういうことだったのかと悩み続けました。もし、これが他人を相手としているのであったならば簡単にお念仏を説くことが出来ただろうと思うのです。それが実母だからこそ説くことが出来なかったのです。本当の私の中の腹の底、そこに確たる他力の領解(りょうげ)が出来ていなかったからこそ、実母に対してお念仏を説くことが出来なかったのだと思うのです。

今考えますと、母の「死が怖い」というあの言葉は、私に対して「日ごろ偉そうなことを話しているが、お前のご領解は本当に出来ているんかい?」という問いかけでもあったように感じます。

他力の教えがわかったということは簡単ですが、心底それが納得できるのはとても難しいことであると実母は教えてくれたように思います。

浅田文太君という文鳥

もう一つ、その後の私に仏法の味わい方を教えてくれた小鳥がおりました。それが浅田文太という名前の文鳥だったのです。最後にこの「文太君」の話を聞いてください。

＊　＊　＊

平成六年の暮れのことでしたが、一羽の手乗り文鳥が中央仏教学院の校舎に迷い込んできたのです。鳥好きの白川晴顕先生が世話をする一方で、飼い主を捜すように手を尽したそうですが遂に鳥の主は現れませんでした。そこでやむなく自宅へ連れて帰ったそうです。しかし生れて間もない子を含めて三人もお子さんがいる上に、急に小鳥の世話までしなければならなくなったのが奥さんです。夫婦喧嘩寸前に子供のいない私に白羽の矢が立てられました。しかし私も家内も今まで小鳥を飼ったことがありません。強引な彼の勧誘に負けて渋々飼うことになったのです。

次の日のことです。新品の鳥籠に入った一羽の文鳥が三カ月分の餌を持参金として私の家にやってきました。手を差し出すと素直に乗ります。そして機嫌よくさえずります。「一日十分程でいいですから籠から出して運動させて下さい」。白川先生の注意事項を最初は忠実に守っていたのです。ところが手に乗ったり、頭に乗ってさえずったりと小鳥の所作がかわいくて仕方ないものですから籠の外での生活が二十分・三十分へと増えていきます。そしてついに一日中籠の外で生活するようになったのです。

その頃からでしょうか、小鳥が自己主張をするようになりました。食事の時、食卓の上で飛び回ってお茶碗のスミをカチカチと嘴でつつきます。その後で食事をしている私の顔を見ます。ご飯粒をくれという催促です。あるいは家内が台所で水道を使っていますと、「チチチ」と言って横に飛んでいって水を使っている手のひらの中に入ります。そして羽をバタバタして水道の水を打たせ湯として水浴びをするのです。文鳥も暑さ寒さには弱いようです。特に夏はクーラーを好みます。それも午後のきまった時間に、小鳥がいつも止っている台所の椅子の背と、家内の背中を往復します。最初はその所作の意味がわからなかったのですが、クーラーをつけろという合図だったようです。クーラーのスイッチを入れると「ヒーヒー」と言って喜びの声を上げて鳴き叫びます。文鳥は喜怒哀楽の表現が豊富な鳥です。

余り悪戯をするので「ゴンタ（権太）の文鳥」という意味から「文太」と名付けました。そして毎日「文太！」「文太！」と呼んでおりますと、いつの頃からか「チチ」と応え出したのです。最初は自分の名前がわかっているのかどうかあやしかったのですが、月日が経ってきますと明らかに返事をしていることがわかります。人間の声を聞き分けるのです。そしてお腹が空いてくると自分で籠に入って餌を食べ、また自分で出てきます。文太君はわがもの顔に部屋中を飛び回っています。このように小鳥と共の生活をしていますと、籠の中で飼っていた時には思いも寄らなかった心の交流が出来るようになりました。怒ればスネます。眠たくなってきますとグズリます。文太君は明らかに私の家族の一員となったのです。

ところで、このようにお互い心が通うようになりますと「この文太君にも仏性が有るんだなア……」と思うようになりました。「一切衆生悉有仏性」という言葉があります。「どのような生き物であっても仏となる可能性がある」という意味です。人間だけじゃない。このように心が通じるのだから、きっと小鳥にだって仏となる可能性が潜んでいるに違いない。しかし悲しいかな、いかに仏性が有っても「文太君」には仏法を聞くことが出来ません。

人身受けがたく仏法聞きがたし

それを思ったとき私には「人身受け難し、今すでに受く」という「開経偈」の文（礼讃文）が浮んだのです。人間に生れることの難しさの自覚と、人間に生れたからにはその意味を明確に持たなければならないという目的意識です。ですから「この身今生に向かって度せずんば、さらにいずれの生に向かってかこの身を度せん」という文章として続くのです。この今の世にこそ生死の苦海を渡らなければ、いつ迷いの世界を抜け出せるかわからない。要するにこのようなチャンスが二度と巡って来ない、という危機感でしょう。地獄・餓鬼・畜生・修羅・人間・天の六道の中でも人間道のみが苦海から離脱することの出来る唯一の道なのです。ですから「文太君」が「鳥」という畜生に生れ、仏法を聞くことの出来ない身であることを思いますと、かわいそうでたまりません。そこで私は毎日「文太君」を手のひらに乗せて言い聞かせたのです。

この次に生まれて来るときは、必ず人間に生まれて来いよ。そして、仏法に遇わせてもらうのだよ……って。

中央仏教学院の通信教育の月刊誌に『学びの友』がありますが、そこに「淺田文太君へ」と題して以上の内容を書いたことがあります。すると、その文章を読んだ白川先生から「仏法の味わいから言えば、この文章は誤っている」という指摘を受けたのです。それは「文太君」に対して「人間に生まれて来いよ」と呼びかけ「仏になる可能性があるのだから生まれかわって仏法を聞きなさい」と言うならば、「文太君」を中心として考えていることになります。しかし仏法の味わい方とはそのようなものではないというのです。仏法を味わうという宗教的見地からすれば、自分以外の物がすべて私の宗教上の先生、つまり善知識として受け入れなければならないでしょうと助言してくれたのです。

私はこの言葉を聞いてハッと我に返りました。今までは文太君のことだけを考え、

「一切衆生悉有仏性(いっさいしゅじょうしつうぶっしょう)」を客観的に把握しておりました。これは教学的には誤った理解ではないでしょう。しかしそれは学問的理解に過ぎなかったのです。仏法の味わいから考えればそれは誤りだというのです。「浅田先生自身にとって文太君はどのような存在なのか。むしろ自分に問いかけるべきでしょう」と白川先生は言います。私に対して文太君は何を教えようとしてくれているのかと、主体的に受け止めることこそが仏法を正しく味わう味わい方ではないかという指摘です。そして、ここに文太君を善知識として受け止める意味があるというのです。

　ですから「鳥」の文太君を見るにつけ、この私は、得難い人間にすでに生まれさせていただいており、しかも遇い難い仏法にすでに遇わせていただいている。その上、幸いなことに私はそれを学ばせていただいている、この幸せをまず自覚しなければならないのです。このように理解できた時、文太君は私にとっての善知識となりうるのです。文太君が私の宗教的先生なのです。ところが「文太君よ！　次の世では人間に生まれるんだぞ」「文太君よ！　仏法を聞くんだぞ」と言って文太君のことを気遣うかのような問いかけを私がしていたのです。信仰という立場から考えますと、「私にとってどうなのか」という自己に対する問いかけでなければなりません。あくまでも自分が中心です。これこそが仏法を味わう味わい方だということを教えられて、私も大いに反省させられたことでした。

その文太君もすでにお浄土にかえって行きました。

徐々に徐々に

実母の最後の問いかけに何も答えることの出来なかっ

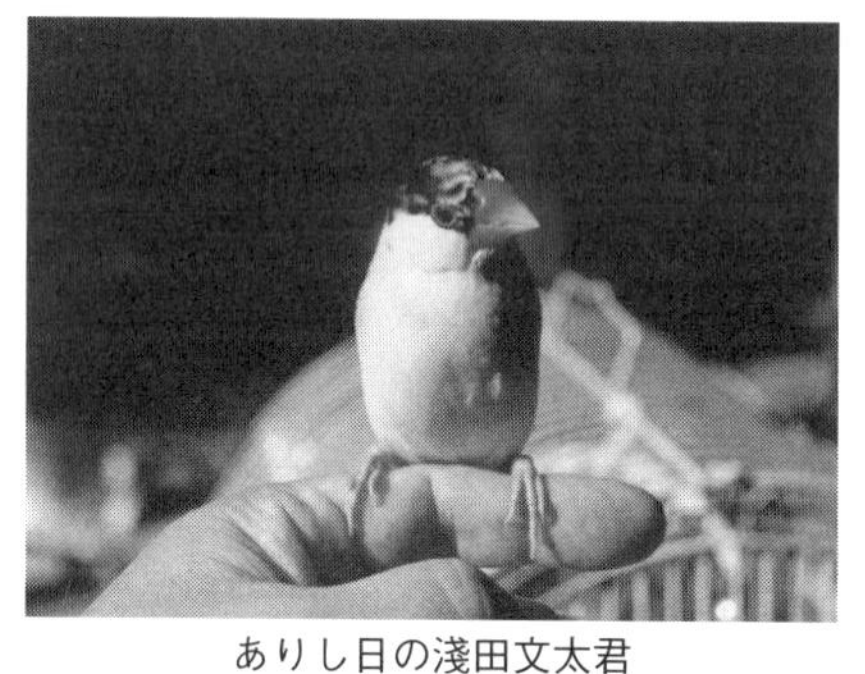

ありし日の淺田文太君

た私でしたが、このようにして私の周りの導きによって、本当に少しずつですが「お念仏」に気づかせていただいているように思います。竹を割ったようにある時を境として「お念仏」に気づく方もおられるようですが、私はそうではなさそうです。徐々に徐々に気づかせてもらっているように思います。そして今私が歩んできた自力から他力への道を振り返ってみましても、すべて御仏の計らいの中にあったように思えます。

あとがき

平成十七（二〇〇五）年の四月五日付けでご門主様より「勧学」を拝命致しました。大変名誉なことであり、ありがたく存じております。ただ歴代の勧学和上様を思いますと、本書のような内容を世に問うには忸怩たる思いがあります。しかしこれも一人の仏道を求めるものの姿でもあろうかと思い、あえて出版することにしました。

本書を書き終わってつくづく思うことは、本当に多くの方々にお世話になって今日の私があるんだなあ……ということです。しかもそれぞれの方たちは全員私に後ろ姿でもって教えていただいたのです。親友の出野信君からは「世の無常」をしみじみと教えられました。彼は自らの命をかけて「人間のはかなさ」を私に説いてくれたと感じています。盛永宗興老師からは仏教の求めている境地が如何に素晴らしいかを参禅を通して教わりました。佐藤哲英先生からは死をも超えるお念仏の力強さを、そして土橋秀高先生からは孤独や不安に打ち勝つお念仏の温かさ、すばらしさを教えていただきました。最後に実母からはお念仏領解の難しさをいやと言うほどに知らされたのです。いずれの方々も私にとっての宗教的先生（善知識）でした。それを私に教えてくれたのが文鳥の「淺田文太君」でもありました。

私は幸せな人間だと思います。これら多くの方々に囲まれて宗教的に育て上げられて今日までできたのです。その感謝の意味も込めて本書を上梓したいと思います。

合　掌

二〇〇五年十月

淺田　正博（恵真）

新書版あとがき

本書は本願寺派総合研究所発刊の『季刊せいてん』に十三回にわたって連載された「私にとっての仏教」（二〇〇一（平成十三）年五十七号〜二〇〇四（平成十六）年六十九号まで）に端を発します。それを翌二〇〇五（平成十七）年に一冊にまとめて『私の歩んだ仏の道』（本願寺出版社が命名）として本願寺出版社が世に出してくれました。ですから、ほぼ十八年前に書き始めた文章が始まりになります。この度、新たに新書版に変えて再版という話を戴いて、再度読み返してみますと、文章の稚拙さが目立ち恥ずかしい限りです。大幅に修正を加えようかと考えたのですが、これも私の人生の一視点かと思い、ほとんど手を加えずに再版することにしました。ご容赦下さい。

それに加えて内容面です。本書が出版されたお陰で、法話や講演のお声がけを戴くようになりました。話をする毎にお念仏に対する思いが毎回深められる事を実感しております。有り難い限りです。それは、私にはここに書いた以上の宗教的遍歴は無いことを教えてくれました。私の救われる道は「お念仏」以外に無い、という確信にもつながっていきました。ですから「私の求道遍歴」は本書に加える内容は少しもありません。これが加筆せずに再版したいと願ったもう一つの理由です。

お念仏に関心を懐くようになれば思いはどんどん広がっていきます。あれもそうだったのか、これもそうだったのかと納得させられることが増えて参りました。視点が変わってくるのでしょうか。今後は、そのお念仏の味わいをより一層深め、法味愛楽の日々を送りたいと念じております。

平成三十年九月二十日

浅田　正博（恵真）

著者紹介

浅田正博（あさだ　まさひろ）（法名　釋恵真）

一九四五（昭和二十）年、大阪府生まれ。龍谷大学大学院博士課程仏教学専攻満期退学の後、叡山学院講師、龍谷大学短期大学部講師・助教授・教授、京都橘大学講師、精華大学講師、大倉精神文化研究所研究員、相愛大学講師、中央仏教学院講師、龍谷大学短期大学部長・宗教部長・仏教文化研究所長を歴任し、二〇一四（平成二十六）年三月末にて龍谷大学教授を定年退職。前本願寺派安居綜理。現在、龍谷大学名誉教授、本願寺派宗学院講師、行信教校講師、博士（文学）、大阪府因念寺住職。

著書

『往生要集講述』『末法灯明記講読』『生かされる命を見つめて』『般舟三昧行道往生讃（般舟讃）』『善導大師著般舟讃現代語訳』（永田文昌堂）、『天台四教儀講述』（安居講本）、『宿縁を慶ぶ』『他力への道』（百華苑）、『仏教から見た修験の世界』（国書刊行会）、『生かされて生きる』（探究社）、『諸行無常のまっただ中で（いのちの栞）』（本願寺出版社）他

[014]

私の歩んだ仏の道

二〇〇五年 十 月二十日　初版発行
二〇一八年十二月 一 日　新書版第一刷発行

著者　浅田正博

発行　本願寺出版社
〒六〇〇-八五〇一
京都市下京区堀川通花屋町下ル
浄土真宗本願寺派（西本願寺）
電　話　〇七五-三七一-四一七一
ＦＡＸ　〇七五-三四一-七七五三
http://hongwanji-shuppan.com/

印刷　中村印刷株式会社

IN02-SH1-①21-81
ISBN978-4-89416-086-6 C0215